Volker Reinhardt
Blutiger Karneval

Volker Reinhardt

Blutiger Karneval

Der Sacco di Roma 1527 – eine politische Katastrophe

Einbandgestaltung: Peter Lohse, Büttelborn
Einbandbild: Die Schlacht von Pavia 1525. Ausschnitt: Die Flucht des französischen
königlichen Gefolges aus dem Lager. Bildteppich nach Karton von Barend van Orley,
Brüssel 1528/31. Neapel, Galleria Nazionale di Capodimonte. Foto: akg-images.

Abbildungsnachweis: bpk Berlin: S. 61; picture-alliance: S. 25, 27, 59, 77, 80, 98, 120;
WBG-Archiv: S. 16, 19, 21, 31, 34, 41, 52, 64, 68, 97, 115, 127, 134/135

Die Deutsche Nationalbibliothek verzeichnet diese Publikation
in der Deutschen Nationalbibliografie;
detaillierte bibliografische Daten sind im Internet über
http://dnb.d-nb.de abrufbar.

© 2009 by WBG (Wissenschaftliche Buchgesellschaft), Darmstadt
Die Herausgabe des Werkes wurde durch die Vereinsmitglieder
der WBG ermöglicht.
Gedruckt auf säurefreiem und alterungsbeständigem Papier
Layout und Satz: schreiberVIS, Seeheim
Printed in Germany

Besuchen Sie uns im Internet: www.wbg-darmstadt.de

ISBN 978-3-534-21749-6

Inhaltsverzeichnis

I.

Präsentation.
Der Sacco di Roma oder:
Von der Unwirklichkeit
der Geschichte

N ach allerlei diplomatischen und militärischen Irrungen und Wirrungen wird im Mai 1527 eine Stadt von gut 50 000 Einwohnern geplündert, findet danach aber ziemlich rasch wieder zur politischen und wirtschaftlichen Normalität zurück. Tiefere Spuren bleiben im Stadtbild wie auch in den Bildern, die in dieser Stadt gemalt wurden, nicht zurück. Der Herr dieser Stadt, dem Verderben selbst nur um Haaresbreite entronnen, trifft sich knapp drei Jahre später mit dem Auftraggeber der Truppen, welche die Stadt geplündert haben, und zwar so feierlich und einträchtig, als wäre nichts gewesen. Ja, er setzt dem Herrn seiner Peiniger in Bologna sogar die Kaiserkrone aufs Haupt. An beider Politik und Herrschaftsstil ändert sich gleichfalls nicht das Geringste: keine Reue und erst recht keine Umkehr, weder in Taten noch in Worten oder in Bildern. Auch die weniger hoch gestellten Überlebenden haben an dem, was man nach 1945 „Bewältigung der Vergangenheit" nennt, nicht das geringste Interesse. Einige der Geschundenen schreiben immerhin auf, was sie erlebt haben – oder vorsichtiger ausgedrückt: was sie gesehen zu haben glauben. Fast immer greifen sie spät zur Feder. Und nichts ist so wetterwendisch und formbar wie das menschliche Gedächtnis. Zudem legen die Opfer ihre Eindrücke nieder, um Sinn im scheinbar Sinnlosen zu finden. Diesen Sinn aber stiften Schuldzuweisungen und Feindbilder. An ihnen kann man sich orientieren, ja festhalten, ja sie sind praktische Lebenshilfe. Dasselbe gilt für die Beschwörung, die bis heute auf alle Katastrophen folgt: nie wieder, wehret den Anfängen. Mit diesen beruhigenden Versicherungen aber ist auch für die Opfer der Fall abgeschlossen. Am Ende steht für sie die tröstlichste Banalität überhaupt: Das Leben geht weiter.

Die Opfer, die zu Tätern werden müssen, um zu überleben, sind nicht die Einzigen, die geschrieben haben. Zur Plünderung der Stadt und zur Gefangennahme ihres Oberhaupts äußert sich, wer Europa seine Meinung schuldig zu sein glaubt. Und das sind schon damals nicht wenige. So wird der 6. Mai 1527 zum Medienereignis schlechthin. Mit einer weiteren Analogie zur Gegenwart: Nichts welkt so schnell wie die Sensationsnachricht von gestern. Man findet in der unerhörten Begebenheit die vorgefassten Meinungen bestätigt und geht gestärkt an sein Alltagswerk zurück. Auch wenn die meisten Augenzeugen erst mit beträchtlichem Abstand zum erlebten Schrecken zur Feder greifen, gilt für die Öffentlichkeit: Der Fall ist gelöst, die Akten schließen sich von selbst.

Warum soll man sie dann – ein knappes halbes Jahrtausend später, doch ohne jede Jubiläums-Rechtfertigung – wieder öffnen? Um durch Furcht und Schrecken Einkehr und Einsicht zu erzeugen? Da kann der Moralist des 21. Jahrhunderts nur bittere Tränen lachen. Durch Drogen zu Mordmaschinen mutierte Kindersoldaten in der Hauptausgabe der Tagesschau, zerquetschte Verkehrstote in den Regionalnachrichten, öffentlich-rechtlich ausgestrahlte Privatvideos von abstürzenden Flugzeugen und Attentaten aus nächster Nähe: Der Fernseh-DVD-Video-Internet-Mensch, durch die Macht der Technologien zum Voyeur des seriellen Todes verformt, konsumiert Horror in einer täglichen Überdosis, die abstumpft oder, schlimmer noch, süchtig macht.

Warum dann also von der Katastrophe des Jahres 1527 erzählen? Weitere Argumente scheinen sich anzubieten. Verwüstet wird schließlich nicht eine Allerwelts-Stadt, sondern Rom, die vermeintlich Ewige Stadt, einst Herrin eines Imperiums, jetzt Sitz des Papstes, der sich als Herr der Christenheit, und zwar in geistlicher, kirchlicher und politischer Hinsicht, versteht. Ja, er glaubt sogar daran, an einem sakrosankten, d. h. unantastbaren Ort zu leben. In dieser Überzeugung bestärken ihn so viele Meisterfresken in seiner Residenz, dem Vatikan. Sie zeigen Rom als vom Himmel geschütztes Refugium inmitten einer heillosen Welt, als sicheren, da von Engeln und Aposteln verteidigten Hort unwandelbarer Wahrheit im unruhigen Meer der Geschichte. Vieles spricht dafür, dass die Päpste der Zeit daraus den Schluss zogen, sich gefahrlos in die wild bewegten Gewässer der europäischen Machtpolitik stürzen zu können. Hinterher, als sie es besser wussten, lautete ihre Anklage daher: Blasphemie, Schändung des Heiligen. Doch auch solche Profanierungen hat Europa in seiner Geschichte sehr viel erinnerungsmächtiger erlebt. Die Söldner des Jahres 1527 raubten römische Kirchen leer, die Sansculotten des Jahres 1794 rissen ganze Kathedralen ab; die Plünderer des Sacco di Roma verhöhnten Priester in Spottprozessionen, die Jakobiner ertränkten sie zu Tausenden in der Loire.

Kann man, wenn sonst nichts zählt, wenigstens aus der Geschichte der großen Plünderung für das Leben und die Zukunft lernen? Schon bei den scharfsinnigsten Zeitgenossen stellt sich Kopfschütteln, wenn nicht Hohngelächter ein. Hat die Katastrophe von 1527 doch ein gutes halbes Jahr zuvor ihr Vorspiel, oder besser: ihre Generalprobe, ja ihre Voraus-Äffung. Dem großen Sacco geht nämlich im September 1526 die kleine Plünderung durch die mit Papst Clemens VII. verfeindete Adelsfamilie Colonna voraus, und zwar so, als werde hier für den Ernstfall geübt. Und dennoch wird der Papst, als es im März und April 1527 ernst wird, auf eine mehr als unverbindliche Friedensnachricht hin seine – ohnehin schon schwachen – städtischen Schutztruppen entlassen. Man kann gar nicht aus der Geschichte lernen, weil diese sich nicht wiederholt.

Das ist ein unerhörter Satz, damals wie heute. Die Entdeckung der Wahrheit, die in ihm beschlossen ist, geht unmittelbar auf den Sacco von 1527 zurück. Damit ist endlich eine erste ernst zu nehmende Rechtfertigung gefunden, seine Geschichte erneut aufzurollen. Einer der Akteure auf der militärischen und diplomatischen Bühne nämlich, Francesco Guicciardini, gibt sich mit den gängigen Erklärungen für das Unheil nicht zufrieden. Das liegt daran, dass er persönlich involviert ist. Während der Ereignisse selbst kann er nicht so handeln, wie er möchte, denn sein Herr folgt seinen Ratschlägen nicht; nach der Katastrophe aber wird er für diese haftbar gemacht. Es geht ihm also darum, auf Gewissen und Ehre abzuklären, wie es dazu kommen konnte: durch die Prüfung seines Gewissens und zur Rettung seiner Ehre. Doch das ist nicht alles. Eine noch peinigendere und peinlichere Frage steht im Raum. Den Herrscher, der das Unheil in die Wege leitete, beriet ein *braintrust* von seltener Exzellenz. Neben Guicciardini konnte man die Meinungen von Niccolò Machiavelli, dem exzentrischen politischen Meisterdenker der Neuzeit schlechthin, einholen. Und auch, was Francesco Vettori, der sich in seinem Briefwechsel mit Machiavelli diesem mindestens ebenbürtig erweist, darüber dachte, war bekannt. Ganz zu schweigen davon, dass der Nuntius des Papstes bei Karl V., dem Dienstherrn der Plünderer, Baldassare Castiglione hieß, seines Zeichens Autor des Buchs vom Hofmann. Das war ein Bestseller, der den Höfling das feine Leben bei Hofe zu lehren versprach, in Wirklichkeit aber mindestens ebenso gründlich die Abgründe höfischer Unmoral aufdeckte und die Kunst des schönen Scheins vermittelte.

So viel Ahnung des Kommenden, so viel geballte Intelligenz im unmittelbaren Umkreis der Macht, die das Heil verspricht und das Unheil anzieht. Warum vermag so viel Klugheit die Katastrophe nicht zu vermeiden, warum bleibt der Geist ohnmächtig gegenüber der Macht? Machiavelli kann darüber nicht mehr lange nachdenken, er stirbt 46 Tage nach der Erstürmung der Ewigen Stadt. Seine Antwort lässt sich dennoch beschwören; aller Wahrscheinlichkeit nach hätte sie gelautet: Man hätte den alten Römern folgen und sich nicht mit leeren Versprechen begnügen sollen. Guicciardini und Vettori aber fühlen sich gedrängt, bohrender und unerbittlicher nachzuforschen; am Ende stoßen sie auf eine neue Vorstellung von der Geschichte, deren Entwicklung aller menschlichen Planung Hohn spricht. Der Sacco di Roma macht, so betrachtet, bis heute jede Versöhnung mit der Geschichte unmöglich.

Doch seine Darstellung hat noch mehr zu bieten. Launen der Fortuna, ehernen Gang des Schicksals, Blindheit, mit der Gott die Akteure schlägt, Strafe des Himmels, Zerstörungswillen des Bösen, das sich in einzelnen Mächtigen oder im Pöbel manifestiert, Bestialität des Krieges, Gefahren der Anarchie, die unvermeidlichen Folgen der Volksherrschaft, die Schwäche der italienischen Staatenlandschaft und speziell den Niedergang ihres Militärwesens, den Aufstieg neuer Nationen, die Polemik der Reformation, die Verweltlichung des Papsttums, den Verlust von traditionellen Werten, die Verwilderungen einer Übergangszeit bzw. den ruchlosen Geist einer neuen Epoche, der Renaissance – das alles (und einiges mehr) haben Zeitgenossen und Historiker bis heute als Hauptursachen des Sacco namhaft gemacht. Doch auch das alles ist nicht alles. Europa findet in der jeder Wahrscheinlichkeit spottenden Verkettung von Ursachen und Wirkungen seine Ängste in einer Verdichtung ohnegleichen wieder. Auf einen einzigen gemeinsamen Nenner gebracht, ist es die Angst vor der Entgrenzung, vor der Ausuferung der Gewalt und der Geschichte insgesamt. 1527 brechen, so scheint es den Beobachtern, alle Dämme. Und eine Sturmflut dieser Art kann niemand gewollt oder gar verursacht haben. Karl V., erwählter Kaiser des Heiligen Römischen Reiches Deutscher Nation und König von Spanien, wusch schon gleich danach die Hände in Unschuld. Gewiss – so seine Rechtfertigung –, er musste sich wehren: gegen die aggressiven Umtriebe des Papstes als Verbündeter seiner Feinde, doch die Plünderung, nein, die hatte an seinem Hofe niemand auch nur zu denken gewagt. Wie sie trotzdem zustande kommen konnte? Dann musste eben Gott seine Hände im Spiel haben – Grund zur Strafe mochte Er in Rom wohl reichlich gefunden haben. Selbst der Anführer der Landsknechte, die zusammen mit den Spaniern den Großteil der Beute einheimsen, beteuert, dergleichen nie geplant zu haben. Wie sollte er auch, liegt er doch in Ferrara auf dem Krankenbett. Seine Truppen sind ohne ihn weitergezogen und haben ohne seine Billigung geplündert. Der Feldherr, der sie schließlich befehligte, kann sich nicht mehr äußern, denn er ist am Tag der Erstürmung an einer Verwundung gestorben. Dafür redeten und schrieben seine Offiziere. Speziell die Zeugenaussage der spanischen Hauptleute klingt ganz ähnlich: Eigentlich haben wir es nicht gewollt. Als wir mit unseren halb verhungerten Truppen vor den riesenhaften Aurelianischen Mauern Roms standen, warteten wir und harrten der Sendboten. Sie sollten endlich das bieten, was die Söldner wollen, aber seit mehr als einem halben Jahr nicht bekommen: Sold, Sold und noch einmal Sold. Wenn man uns dieses Geld geboten hätte, so ihre Schlussfolgerung, wären wir friedlich wieder abgezogen. Aber die Maultiere mit den Goldstücken bleiben im Stall. Dabei hätte Clemens VII. die verlangten Summen ohne Frage beschaffen können, z. B. wenn der römische Stadtrat einverstanden gewesen wäre. Und der Klerus. In der Stadt residieren immerhin mehr als zwei Dutzend Kardinäle, und die wohnen, so scheint es kurz danach den Plünderern, wie Götter auf Erden. Die römischen Adeligen und Kaufleute stehen ihnen an Luxus kaum nach. Die

300 000 Dukaten, die man zur Abfindung der Söldner benötigt hätte, wären eine Kleinigkeit gewesen – nicht nur im Verhältnis zu den Millionen, die diese kurz danach erbeuten. Doch niemand ist zu zahlen bereit. So lautet die Rechtfertigung von Offizieren und Mannschaften vor den Mauern: dann mussten wir eben kämpfen. Und uns holen, was uns zustand, mit Zins und Zinseszins. Wer nicht zahlen will, muss sich plündern lassen.

Irritierend an all diesen Beteuerungen, nicht aus freien Stücken gehandelt zu haben, ist, dass sie subjektiv vollkommen aufrichtig sind. Aus eben diesem Grund entspringen die Urängste: Wer bringt hervor, was offensichtlich niemand beabsichtigt hat? Gott oder der Teufel – der Geist der Zeit lässt hier wenig Alternativen. Die wenigen, die an beide nicht glauben, zitieren die Unvernunft der Mächtigen und die unheimlichste aller Mächte, den Zufall.

In beidem gibt ihnen die historische Forschung des 21. Jahrhunderts recht. Die Zufälle, die sich da aneinanderreihen, sind in der Tat äußerst ungewöhnlich. Dass der bis dato verehrte Vater der Landsknechte, Georg von Frundsberg, in so vielen Gefechten gestählt, just im entscheidenden Augenblick einen Schlaganfall erleidet und nicht mehr sprechen kann – wo es doch auf jedes Wort ankommt. Dass Charles de Bourbon, der Kommandant, der an seine Stelle tritt, von seinem König aufgrund von Streitigkeiten über Besitz und Rang abgefallen, in den Augen nicht weniger Standesgenossen damit seine Ehre verlor und daher nichts mehr zu verlieren hat. Dass die einzige Gesandtschaft, die wirklich das heiß ersehnte Geld zu den Söldnern bringen will, von marodierenden Bauern überfallen wird und daraufhin das feindliche Heer nicht mehr findet. Dass ausgerechnet am Morgen des 6. Mai 1527 vor und hinter den römischen Mauern ein so dichter Nebel aufsteigt, dass die mächtigen Geschütze der Engelsburg nicht auf die Angreifer feuern können. Dazu kommen abgefangene Briefe, Verschwörungen, Ablenkungsmanöver und Finten, die man einem Alexandre Dumas in bester Fabulierlaune nicht abnehmen würde. Europa zeigt sich zwischen Februar 1525 und Mai 1527, so scheint es, von seiner absurdesten Seite: Geschichte wie aus dem Tollhaus, die Welt ist aus den Fugen geraten, ja ein Narrenschiff – so die Moralisten unter den Kommentatoren.

So betrachtet, lehrt der Weg in den Sacco bis heute das Staunen – und das soll er auch: Er zeigt die Unplanbarkeit, ja Unvorstellbarkeit des Wirklichen, ganz im Sinne der großen Geschichtspessimisten Guicciardini und Vettori. Doch auch das kann vom Anspruch der Geschichte her nicht alles sein. Der Sacco di Roma spiegelt, einem Geschichtsbeben gleich, die Umbrüche und Bruchstellen der Zeit: die Kluft zwischen der Weltsicht der Elite und den Mentalitäten des Volkes, die die kaiserliche Armee unlenkbar machte; die Labilität des politischen Gefüges in Italien, die fremde Mächte anziehen musste; die Probleme frühmoderner Staaten, die durch erhöhte Steuern zur Rebellion der Untertanen und durch Beschneidung von Mitregierungsansprüchen zum Abfall der Großen führen, aber trotzdem nie die benötigten Geldmittel gewinnen; die Entwicklung des Renaissance-papsttums, das Politik und vor allem Nepotismus zur Hauptsache macht; den Beginn des Konfessionellen Zeitalters, in dem jede Kirche zur Vernichtung der anderen aufruft; die Allgegenwart eines Krieges, den man weder bezahlen noch eingrenzen kann; den Widerspruch zwischen den Beschwörungen christlicher Einheit und des Friedens, die mit nackter Staatsräson und vehementem Nationalismus kontrastieren. Damit aber tritt der Widerspruch zwischen den Rechtfertigungen der Herrschaft und ihrer faktischen Ausübung, ja der Riss zwischen traditioneller Legitimation und selbst herbeigeführter Delegitimation der Macht hervor. Und eine weitere, abgrundtiefe Kluft tut sich auf, die zwischen dem maßlosen Geiz eines Papstes, der das rettende Lösegeld nicht hergibt, und den Folgen der vermeintlichen Einsparung. Geiz macht arm – auch hier kommen die Moralisten auf ihre Kosten. An weiteren, unüberbrückbar scheinenden Gegensätzen herrscht kein Mangel: Aufhetzung des Volkes und Urangst vor dessen ureigenen Regungen, virtuose Instrumentalisierung des Scheins und naiver Glauben an die eigenen und die fremden Lügen, Skrupellosigkeit und Endzeitangst vermischen sich zu einem die Vorstellungskraft sprengenden Handlungsgefüge.

So betrachtet, wird der Sacco di Roma zum Epochendrama in einem Welttheater – zeitgebunden im Einzelnen, zeitlos im Großen. Doch auch das ist nicht alles. Es gibt den Sacco, wie ihn die historische Forschung unter Aufbietung aller ihrer Disziplinen ganzheitlich zu rekonstruieren bemüht ist: überblickter, geordneter, vollständiger, ja totaler, als ihn irgendein Zeitgenosse jemals wahrzunehmen vermochte. Diese Zusammenstellung im Abstand eines knappen halben Jahrtausends aber ist ein Kunstprodukt, bei aller Faktengenauigkeit letztlich unhistorisch, da so von niemandem in der Zeit selbst gesehen. Geschichtsmächtig sind allein die Bilder des Sacco, die sich die Zeitzeugen selbst gemacht haben; sie allein sind im produktiven Sinne anstößig, bringen neue Schlüsse und Entwicklungen hervor. Wirklichkeit, Unwirklichkeit, Überwirklichkeit durchdringen und verschränken sich in irritierender Entgrenzung. Der Sacco in den Köpfen aber ist, verglichen mit dem Sacco der Forschung, ähnlich und anders zugleich. Er ist verkürzter, einseitiger und vor allem emotionaler. Er ist lebendig, da er als Argument und Beweisführung in Gegenwart und Zukunft dient; er ist Beleg, Einspruch, Forderung oder Anklage.

Am Anfang dieses Buches steht der deutende Ereignisbericht. Was ist aus der Sicht des Historikers, der unbehindert von mühseligen Verkehrswegen, klimatischer Unbill, Geldknappheit und Angst die oft genug verschlungen anmutenden Abfolgen der Begebenheiten, die großen Pläne der Mächtigen sowie die unvorhergesehenen Abweichungen von diesen, die Routen der Heere wie die Ströme der Nachrichten zu überblicken und zu ordnen versucht, eigentlich geschehen – und warum? Von restfreier Ausleuchtung ist auch das so zustande kommende Bild weit entfernt; Vermutungen und Hypothesen bleiben unverzichtbar, Lücken tun sich weiterhin auf, Rätsel bleiben ungelöst. Und natürlich begeht jeder Interpret des 21. Jahrhunderts, auch wenn er sie noch so scheut, die Ursünden der Geschichtswissenschaft: Er operiert mit der Zeit fremden Denkmustern und Begrifflichkeiten, vermengt den Geist seiner Zeit mit dem der Vergangenheit. Sein Bild ist damit zeitgebunden wie das der Zeitgenossen, das den zweiten Teil des Buches ausmacht. Deren Wahrnehmung vermag die Metapher des Prismas am besten zu verdeutlichen. Denn sie stellt sich als eine Abfolge von optischen Brechungen, als eine Auffächerung von Sichtweisen dar, die sich allesamt ähnlich und doch unverwechselbar sind: der Sacco der Römer, der Sacco der Söldner, der Sacco der kirchlichen Reformer bzw. Reformatoren, der Sacco der Humanisten und schließlich der Sacco der zeitgenössischen Historiker.

II. Wege in die Katastrophe. Der Sacco di Roma aus der Sicht des 21. Jahrhunderts

Der lange Kampf

Schon für die Zeitgenossen war der Weg ins Unheil alles andere als eine Einbahnstraße. Bar aller zwingenden Notwendigkeit, offen bis zum letzten Akt, setzte die Entwicklung, die in die große Plünderung mündet, zweieinhalb Jahre zuvor, im Dezember 1524, ein. In diesem Monat nämlich schloss Papst Clemens VII., geboren 1478 als Giulio de' Medici aus der mächtigsten Familie von Florenz, ein Bündnis mit dem französischen König Franz I. und nimmt damit offen Partei im Krieg um Mailand.

Die lombardische Metropole war zu diesem Zeitpunkt seit einem Vierteljahrhundert umkämpft; wegen keines anderen Platzes im damaligen Europa wurde so viel Blut vergossen. Drei Dynastien traten als Konkurrenten auf, und zwar mit Erbansprüchen und mit Waffengewalt. An der Macht war seit einem halben Jahrhundert, zumindest offiziell, die Familie Sforza, die die legitime Nachfolge der Visconti beanspruchte. Die seit 1447 in der Hauptlinie ausgestorbenen Visconti waren in diesen endlosen Konflikten das Maß aller Dinge, Ausgangs- und Endpunkt aller Rechtfertigungsdebatten: Wer hatte das Recht, diese mächtigsten Stadtherren (*signori*) des 14. und 15. Jahrhunderts zu beerben? Die Sforza beriefen sich darauf, dass ihr Machtbegründer Francesco I. 1450 mit Zustimmung des mailändischen Adels und als Gatte einer Tochter des letzten Visconti-Herzogs zum rechtmäßigen Herrn von Mailand erhoben wurde. Ihre Rivalen bestritten diese Legitimität mit der Begründung, dass seine Gemahlin den Makel unehelicher Abkunft aufweise. Mit starken Argumenten forderte der französische König Ludwig XII. Mailand als Erbe seines Hauses ein – er

II. Wege in die Katastrophe: Der Sacco di Roma aus der Sicht des 21. Jahrhunderts

1. *Clemens VII. (Sebastiano del Piombo, ca. 1525). Das zwei Jahre nach der Wahl gemalte Bild zeigt den zweiten Medici-Papst, wie er sich selbst sehen wollte: souverän, selbstbewusst, kultiviert und elegant, Herr seiner Entschlüsse und auf der Höhe der europäischen Machtpolitik. Die Wirklichkeit sah anders aus.*

stammte von einer legitimen Tochter des mächtigen Herzogs Gian Galeazzo Visconti ab, deren Nachkommen bei der Eheschließung die Nachfolge zugesagt worden sei. Der Anspruch des spanischen Königs und römischen Kaisers Karl V. aus dem Hause Habsburg hingegen gründete sich auf die Lehenshoheit des Reiches, wonach dessen Oberhaupt zur Einsetzung des legitimen Herzogs allein befugt sei. Zwischen den Machtblöcken Frankreichs und Spaniens schrumpften die Sforza rasch zu einer nachgeordneten Größe, ja zu einem Spielball. 1512 trat dann mit den regierenden Orten der Eidgenossenschaft unerwartet ein vierter Prätendent auf den Plan, der durch seine überragende militärische Schlagkraft drei Jahre lang, zwischen 1512 und 1515, sogar die Oberhand gewann und mit einem Sforza-Herzog als Marionette die faktische Hoheit über die Stadt ausübte. 1524 aber waren die Schweizer nicht mehr Akteure in eigener Sache, sondern nur noch heiß umworbene und hoch bezahlte Söldner im Dienst der übrig gebliebenen Konkurrenten.

Bis zum Herbst 1524 hatte das gepeinigte Mailand nicht weniger als sieben Mal den Herrn gewechselt. Soeben erst hatten die spanisch-kaiserlichen Truppen unter Fernando d'Avalos, Marchese di Pescara, die Metropole angesichts der französischen Übermacht räumen und sich ins südlich gelegene Lodi zurückziehen müssen. Der 34-jährige Pescara war im – seit 1503 dem spanischen Imperium einverleibten – Königreich Neapel reich begütert, entstammte aber spanischem Hochadel und liebte Italien und die Italiener nicht, woraus er auch kein Hehl machte; als Kommandant genoss er einen exzellenten, fast schon mythischen Ruf. An militärischem Renommee kam ihm ein weiterer General in Diensten Karls V. gleich. Herzog Charles de Bourbon, auch er 34-jährig, entsprang einer auf Ludwig IX., den Heiligen, zurückgehenden Seitenlinie des französischen Königshauses und war bis vor kurzem sogar dessen *connétable*, d. h. oberster Feldherr. Sein Übertritt auf die Seite Karls V. im September 1523 war eine europäische

Sensation und Thema für volkstümliche Moritaten zugleich. Offiziell ging es dabei um das umstrittene Erbe des Hauptzweigs der Familie Bourbon. In der verwickelten Streitigkeit trat ausgerechnet Louise de Savoie, die Mutter König Franz' I., als Gegnerin des *connétable* auf – und zwar, so munkelte nicht nur der Hofklatsch, sondern selbst die europäische Diplomatie, weil sie in den ebenso kühnen wie schönen und eleganten, aber auch arroganten und zudem vierzehn Jahre jüngeren Herzog unsterblich verliebt gewesen und zurückgewiesen worden sei. Dass Bourbon unter diesen Umständen im Prozess das Nachsehen hatte, verwunderte niemanden, erboste diesen jedoch so sehr, dass er ab Ende 1522 geheime Verhandlungen mit Franz' Erzrivalen Karl V. führte. Dieser versprach ihm im Laufe der folgenden drei Jahre vieles: eine seiner Schwestern als Gattin, später auch die Nachfolge im Herzogtum Mailand und militärische Unterstützung im Kampf um die Eroberung der Grafschaft Provence, die der Herzog jetzt ebenfalls beanspruchte. Nicht wenige seiner zahlreichen Gefolgsleute folgten Bourbon bei diesem Seitenwechsel.

Für mindestens ebenso viele Adelige aber war dieser Abfall, den Bourbon noch im August 1523 bei einem Treffen mit dem König meisterhaft verheimlicht hatte, schnöde Felonie, d. h. Verrat am angestammten Lehensherrn – ein unverzeihliches Vergehen, das nur durch den Tod gesühnt werden konnte. Bourbon sah und proklamierte seinen Schritt in der europäischen Öffentlichkeit naturgemäß ganz anders. Durch einige seiner Besitzungen war er Vasall des Kaisers, mit dessen Haus überdies verwandt. Vor allem aber hatte der französische Monarch seine um das Königreich erworbenen Verdienste nie belohnt, schlimmer noch: ihm, dem vornehmsten Prinzen von Geblüt, schwerste Kränkungen zugefügt. Nach den unter moderner denkenden Eliten der Zeit akzeptierten Gesetzen der Klientel hatte er also alles Recht der Welt, sich einen würdigeren Herrn zu wählen: einen, der nicht nur nahm, sondern auch gab. Der Feldzug zur Eroberung der Provence allerdings endete erst einmal in einem Desaster. Das vom Kaiser versprochene Geld blieb aus, so dass die Belagerung von Marseille im September 1524 abgebrochen werden musste. Dabei hatte sich auf der Seite Frankreichs Lorenzo da Ceri aus der römischen Adelsfamilie Orsini hervorgetan. An eine Weiterführung des südfranzösischen

2. *Porträt Charles' de Bourbon. Gezeigt wird ein adeliger Judas, der aus unbefriedigtem Ehrgeiz seinen legitimen Herrn in der Stunde der Not verlassen und verkauft hat. Der stechende Blick und die unstete Miene sagen dem Betrachter mehr als alle Worte: er hat die Physiognomie des Verrats vor Augen.*

Feldzugs war so nicht zu denken. Stattdessen mussten alle Kräfte schleunigst nach Italien gezogen werden, wo es um die kaiserliche Sache immer verzweifelter stand; ein weiterer französischer Heeresverband war auf dem Weg nach Neapel, welches Franz I. im Namen des Hauses Anjou ebenfalls beanspruchte.

Doch was hatte das alles mit Rom und dem Papst zu tun? Mailand, wie gesagt, war Reichslehen, das Königreich Neapel aber stand unter päpstlicher Lehenshoheit – ein erster Verwicklungspunkt war damit markiert. Hier hatte der Pontifex maximus ein gewichtiges Wort mitzureden, ja, er allein stiftete vollgültige Legitimität. Doch reichten die Verkettungen und Verstrickungen noch viel weiter. Clemens VII. war der Sohn Giulianos de' Medici, der in der Pazzi-Verschwörung 1478 ermordet wurde: im Auftrag der florentinischen Familien Pazzi und Salviati wie Papst Sixtus' IV. aus der Familie Della Rovere, auch das ein Name, der in die Geschichte des Sacco di Roma tief verwoben ist. Clemens' Achillesferse waren die Umstände seiner Zeugung bzw. Geburt – er war unehelich und damit gemäß kanonischem Recht eigentlich von der kirchlichen Laufbahn ausgeschlossen. Dieser Makel ließ sich zwar formell dadurch tilgen, dass sein Vetter, Papst Leo X. (1513 – 1521), die Liaison seiner Eltern im Nachhinein zu einer gültigen Ehe erklärte, doch wussten die Eingeweihten sehr wohl, dass das pure Fiktion war.

Die Wahl eines zweiten Medici-Papstes innerhalb eines so kurzen – nur durch das knapp zweijährige Zwischenspiel des Niederländers Hadrian VI., des Erziehers Karls V. unterbrochenen – Zeitraums war bei wertkonservativen Prälaten auf Kritik gestoßen. Lief man nicht Gefahr, das Papsttum als erblich auszuweisen und dadurch moralisch zu untergraben? Erfolg hatte Giulio de' Medici nach einem heiß umkämpften Konklave schließlich als Kandidat des Kaisers, hatte er sich doch in den zwölf Jahren seines Kardinalats als dessen zuverlässiger Parteigänger hervorgetan. Diese Treue hatte in den Augen scharfsichtiger Wahlbeobachter allerdings während der langen Einschließung in der Sixtinischen Kapelle zu wanken begonnen; die Anhänger Karls V. hatten keine Mehrheit unter den Kardinälen, so dass auch die Stimmen politisch weniger festgelegter Kirchenfürsten dazugewonnen werden mussten. Das gelang schließlich am 19. November 1523,

3. *Clemens VII. (Sebastiano del Piombo, ca. 1532). Derselbe Papst, sieben Jahre nach dem ersten Porträt – oder: Wie der Sacco di Roma die Selbstdarstellung des Hauptakteurs verändert hat. Aus dem weltläufigen Kirchendiplomaten ist ein in sich gekehrter Dulder, doch kein Büßer geworden. Der Bart ist ein Zeichen der Trauer über die Plünderung seiner Hauptstadt – und damit über das Unrecht, das die anderen ihm angetan haben.*

zum Entzücken Karls V., der im fernen Spanien noch nicht wusste, dass er sehr viel weniger Grund zum Jubel hatte. Doch darüber sollten ihn die Colonna, seine mächtigsten und vornehmsten Anhänger in Rom wie im Kardinalskollegium, bald aufklären. Für diese stolze Familie, die trotz aller Versuche der Päpste, ihre Macht zurückzudrängen, weiterhin große Teile des römischen Landgebiets beherrschte und binnen weniger Tage eine schlagkräftige Armee zusammenzurufen vermochte, war Clemens VII. der schlechtestmögliche Papst: ihr eigener Todfeind und ein potentieller Verräter an der Sache des Kaisers zugleich.

Dass ein Klient nach seiner Erhebung zum Papst nicht im hergebrachten Geflecht der Abhängigkeit verharrte, sondern eigenes Selbstbewusstsein und eigene Ziele entwickelte, war üblich und akzeptabel. Schon Hadrian VI. hatte sich, ungeachtet der gewachsenen Bindungen zu seinem ehemaligen Zögling, diese Freiräume zu verschaffen gewusst. Auf mehr als ein Defensivbündnis mit Karl V. hatte er sich nicht eingelassen. Dass dessen Ansinnen, der frisch gewählte Medici-Papst möge dieses um eine dynamische, sprich aggressive Dimension erweitern, auf Ablehnung stieß, verwunderte daher niemanden. Der Papst trat – ungeachtet der sich seit 1517 durch das Wirken Luthers stetig vertiefenden Spaltung der Kirche – in der Rolle des Vaters aller Christen auf, die ihn zur Überparteilichkeit verpflichtete. Doch wussten die Mächtigen Europas seit jeher, dass jeder Papst seine Lieblings- und Stiefkinder hatte. Die noble Formel der Unvoreingenommenheit und Gleichbehandlung war längst reine Ideologie, hinter der sich ausgeprägte Eigeninteressen verbargen.

So auch Ende 1524, als dieser Eigennutz nach Meinung Clemens' und dem Votum seiner Ratgeber gebieterisch für einen Anschluss an Frankreich sprach. Im Oktober dieses Jahres waren schließlich die Truppen Franz' I. in das von den Spaniern aufgegebene Mailand eingezogen; und ihrer Expedition nach Neapel schien sich kein nennenswertes Hindernis entgegenzustellen. Es war also angebracht, sich mit dem sicheren Sieger zu arrangieren. Dieser Opportunismus ließ sich in ein weiteres rhetorisches Prachtgewand einkleiden: Italien den Italienern, fort mit den fremden Barbaren, so lautete die Parole. Für die an den Höfen Italiens tonangebenden Humanisten waren Barbaren (wörtlich: die Lallenden, d.h. Sprachlosen) alle Völkerschaften nördlich bzw. westlich der Alpen, also außer den Spaniern auch die Briten, Deutschen, Schweizer – und die Franzosen. Damit aber trat der Widerspruch zwischen der politischen Kampfrhetorik und der faktischen Machtpolitik krass hervor. Was war denn für Italien, das heilige Vaterland, gewonnen, wenn die Franzosen auf die Spanier, also die einen Barbaren auf die anderen folgten? Doch wie alle Reizparolen war auch diese ungeachtet ihrer Absurdität wirkungsvoll.

Doch gab es für das Bündnis Clemens' VII. mit Frankreich noch weitere, tiefer in die herrscherliche Psyche wie in die Geschichte zurückreichende Gründe. Frankreich war seit Menschengedenken die Schutzmacht der Republik Florenz gewesen, über die der Papst als Chef des Hauses Medici gewissermaßen in Personalunion gebot. Der ehemals stolze Freistaat war seit längerem eine nur noch notdürftig hinter republikanischen Scheininstitutionen verdeckte Familienherrschaft geworden, doch das tat dieser frankophilen Tradition keinen Abbruch. In deren Fortführung hoffte Clemens VII. darauf, mit Hilfe des französischen Königs seine Verwandten an der Macht zu halten bzw. weiter zu erhöhen. Das Interesse der Familie beherrschte seinen Pontifikat vom ersten Augenblick an. Und die Angst.

Objektiv betrachtet, gibt es für sie keinen Anlass, doch wann fragt Angst schon nach Vernunft? Clemens aber, so berichten scharfsichtige Zeugen wie Francesco Guicciardini, wird von Angst angesichts der anscheinend unaufhaltsamen Erfolge Franz' I. geradezu gepeinigt: Wird ihn der sichere Sieger seine jahrzehntelange Treue zum Kaiser brutal entgelten lassen? Wird er den Kirchenstaat zerschlagen oder ein Konzil zum Zweck seiner Absetzung einberufen, wie es sein Vorgänger Ludwig XII. ein gutes Jahrzehnt zuvor mit Julius II. beabsichtigte? Vergeblich versuchen besonnene Ratgeber zu beschwichtigen. Clemens VII. regiert vom ersten Tag an im Zeichen der Angst und ihres nicht minder fatalen Gegenteils, der Euphorie, des aller Vorsicht ledigen Überschwangs, der sich immer dann einstellt, wenn sich schwere Befürchtungen als unbegründet erwiesen haben. Zwilling der Angst ist die Unfähigkeit, unumstößliche Entschlüsse zu fassen. Diese Willenslähmung ist, wenn möglich, noch ausgeprägter. Unweigerlich wird dieser Papst – so Guicciardini im Charakterporträt seines Dienstherrn – eine einmal getroffene Entscheidung wieder rückgängig machen.

4. *Georg von Frundsberg. Der anonyme Kupferstich des 16. Jh. zeigt den „Vater der Landsknechte" in voller Rüstung. Im Gegensatz zu seinem landläufigen Image (und vielen seiner Hauptleute) war der Condottiere aus Mindelheim kein roher Schlagetot, sondern um die Begrenzung von Gewalt und Zerstörung bemüht.*

Hat er sich zu ihr durchgedrungen, scheinen ihm die Gründe, die für die umgekehrte Orientierung sprechen, die besseren zu sein – und so weiter, bis sich die Waagschale schließlich mehr oder minder zufällig zur einen oder anderen Seite neigt. Warum aber hat man diesen verzagten Zauderer zum Papst gewählt? Vorher – so weiter Guicciardini in seiner Analyse einer gequälten Herrscherseele – war Giulio de' Medici mit seinem Geiz und seiner Zögerlichkeit der ideale Widerpart zu seinem verschwenderischen und impulsiven Vetter Leo X., von dessen hedonistischem Lebenswandel er sich zudem durch seine Strenge und Anspruchslosigkeit wohltuend abhob. Als Papst aber ist er eine fatale Fehlbesetzung. Noch schlimmer wird die Situation dadurch, dass Clemens zwei Chefberater beruft, die wie Feuer und Wasser sind: der eine, Matteo Giberti, glühender Anhänger Frankreichs, der andere, Nikolaus von Schomberg, ebenso unbedingter Parteigänger Karls V.

Eingeweihte wie Guicciardini und Vettori erkannten diese fatale Konstellation früh. Doch noch bestand kein Grund zur Unruhe. Gewiss, die hektische Parteinahme für Franz I. war von Angst und Nepotismus gleichermaßen diktiert. Was konnte Franz I. nach seinem voraussichtlichen Triumph dem Papst schon Schlimmes antun, außer ihn seine Macht in Italien fühlen zu lassen? Dennoch: Clemens' vorauseilende Servilität mochte peinlich sein, schädlich war sie kaum. Der Gang der Politik war ja schließlich berechenbar. Doch die Rechnung, die in Rom aufgemacht wurde, war de facto mit Unbekannten gespickt. Zum einen war Bourbon mit ansehnlichen Truppenverbänden doch noch auf der lombardischen Kriegsbühne aufgetaucht. Vor allem aber hatte sich Georg von Frundsberg, mit 52 Jahren längst ein lebender Mythos, mit Tausenden deutscher Landsknechte zum Marsch über die Alpen aufgerafft – wie immer mit vielen Versprechen des Kaisers, doch wenig Soldgeldern im Gepäck.

Von seinem Übertritt auf die Seite Franz' I. hatte Clemens VII. den Kaiser durch ein Schreiben in Kenntnis gesetzt, das den kruden Sachverhalt durch salbungsvolle Formulierungen zu beschönigen versuchte und gerade dadurch den Zorn des Adressaten entfachte. Speziell die darin enthaltenen Mahnungen zum Frieden mussten Karl V. wie Hohn vorkommen; schließlich rückten feindliche Kontingente gegen Neapel vor, während seine Truppen in Pavia belagert wurden. Eine Vorahnung dessen, was die europäischen Diplomaten von ihm zu erwarten hatten, gab Clemens kurz darauf, als er – von plötzlicher Angst ergriffen – einen Eilboten an Franz I. absandte, der diesen beschwor, keine Schlacht zu wagen und auf Frieden zu setzen. Doch dazu war es zu spät. Ende Januar waren alle verfügbaren kaiserlichen Verbände nach Pavia zusammengezogen worden, um den Belagerungsring der Franzosen aufzubrechen. Doch die Erfolgsaussichten waren bescheiden. Die französische Armee war in allen Belangen überlegen, nicht zuletzt aufgrund einer optimalen Position zwischen dem Ufer des Ticino und den Mauern der Schlossanlage.

Und dann das Unbegreifliche: Gegen den Rat seiner Strategen beschloss Franz I., der sich für einen begnadeten Feldherrn hielt, am 24. Februar 1525 eine schnelle Entscheidung zu erzwingen, und zwar ausgerechnet auf dem Gelände des Schlossparks, wo sich seine Kavallerie zusammendrängen musste und die Artillerie kaum entfalten konnte. Schlimmer noch: Auf diese Weise eingepfercht, wurde die stolze französische Ritterschaft zum bequemen Ziel der spanischen Hakenbüchsenschützen und das übrige Heer von den eisernen Vierecksformationen der Frundsberg'schen Landsknechte regelrecht zermalmt. Binnen weniger Stunden war alles zu Ende – und der französische König in der Gefangenschaft des Kaisers. Die Gefallenenliste der Franzosen liest sich wie ein Who's who ihrer Hocharistokratie. Schon am Abend des 26. Februar – der Kurier muss schier Übermenschliches geleistet haben – war die Nachricht in Rom, wo man an die Niederlage des Verbündeten zuerst nicht glauben mochte und dann am Boden zerstört war. Kurz darauf wurde das neapolitanische Expeditionskorps, dessen Mission sich ohne Rückendeckung im Norden von selbst erledigt hatte, von den Truppen der triumphierenden Colonna bei Rom gestellt und aufgerieben. Clemens VII. hatte gewettet und verloren.

5. *An seinem 25. Geburtstag lachte Karl V. das Glück. Nach katastrophalen taktischen Fehlern wurde das französische Heer im Schlosspark von Pavia von seinen deutschen Landsknechten vollständig geschlagen. Franz I. geriet in Gefangenschaft, ein großer Teil seines adeligen Gefolges (hier bei der Flucht aus dem Lager) fiel.*

Das lange Schwanken

Dergleichen kam vor im Kampf um Macht und Einfluss. Zu politischer Existenzangst, wie sie sich jetzt an der Kurie breitmachte, bestand daher weiterhin kein Anlass. Gewiss, der Papst musste damit rechnen, vom Sieger ungünstigere Bedingungen als zuvor diktiert zu bekommen, doch damit konnte man, in der Erwartung, dass sich die Machtbalance wieder verschieben würde, leben. Und in der Tat fielen die Konditionen des Schutz- und Trutzbündnisses, das Charles de Lannoy, Karls Vizekönig in Neapel, mit dem Papst aushandelte, äußerst moderat aus. Ja, die politische Hauptbestimmung besagte geradezu, dass der Kaiser Florenz und die Medici sowie den Kirchenstaat unter seinen speziellen Schutz stellen und alle Truppen von diesem fernhalten werde. Zudem sollte Francesco II. Sforza wieder Herzog von Mailand werden. In einem von drei Separatartikeln versprach Karl V. überdies die Vermittlung in einem gravierenden Streitfall zwischen Clemens und seinem vornehmsten Lehensmann, dem Herzog Alfonso d'Este von Ferrara. Dabei ging es um die Städte Reggio und Rubiera, die Alfonso gegen den Willen des Papstes besaß, und um Modena, das beide Seiten für sich reklamierten, aber von Francesco Guicciardini als Statthalter des Papstes für diesen behauptet werden konnte.

Vertrag und Zusatzklauseln hatten nur zwei Haken: Für beide Pakte sollte Clemens VII. je 100 000 Dukaten zahlen – Geld, das der stets klamme Kaiser dringend zur Bezahlung diverser Truppen benötigte. Diese Bestimmungen aber trafen Clemens' zweiten neuralgischen Punkt: seinen Geiz. So wurde vorsorglich festgesetzt, dass die eine Summe bei ausbleibender Bestätigung des eigentlichen Vertragswerks zurückerstattet und der zweite Betrag sogar erst nach Schlichtung der territorialen Streitigkeiten mit Ferrara bezahlt werden sollte. Nach der Beklemmung folgte jetzt die Euphorie. Ohne die Ratifizierung durch den Kaiser abzuwarten, feierte der Papst am 1. Mai den Abschluss des Pakts auf das prunkvollste. Doch das war voreilig. In zweierlei Hinsicht nämlich hatte Lannoy ein doppeltes Spiel getrieben: Er versprach Alfonso d'Este dieselben Gebiete, die an Clemens zurückfallen sollten. Zudem wurden die kaiserlichen Truppen nicht aus dem Norden des Kirchenstaats abgezogen. Und um aus römischer Sicht das Maß voll zu machen, bestätigte Karl auf Anraten Lannoys nur den Basispakt, nicht aber die Zusatzartikel. Für diese hatte Clemens jedoch bereits die 100 000 Dukaten gezahlt, genauer: von den aufgrund der dauernden finanziellen Belastungen der Herrschaft der Medici immer abgeneigteren Florentinern aufbringen lassen. Die Rückerstattung dieser Summe verlangte der Papst von jetzt an mit wachsender Erbitterung. Und da sie trotz aller Reklamationen ausblieb, verweigerte er seinerseits die Annahme der ausgehandelten Basisklauseln, die ihm und den Seinen immerhin umfassende Bestandsgarantien boten. Dabei trat auch die Angst wieder auf den Plan. Der Triumph von Pavia hatte die kaiserlichen Generäle zu kühnen Planspielen animiert, die auf eine Neuordnung Italiens unter spanischer Hegemonie hinausliefen. Für einen kühl abwägenden Staatsmann waren das unverbindliche Szenarien, ja Luftschlösser. Doch nicht für den Medici-Papst. Er entwickelte Einkreisungs-Phobien, die zum präventiven Gegenschlag drängten. Eine solche Maßnahme schien umso unvermeidlicher, als Franz I. im Juni 1525 aus Italien in ein spanisches Gefängnis verlegt wurde. Und auch die „Befreit Italien!"-Rhetorik der Humanisten schlug jetzt hohe Wellen.

So stand das ganze zweite Halbjahr 1525 im Zeichen der Bemühungen um ein antikaiserliches Großbündnis. Treibende Kräfte waren die Königinmutter Louise de Savoie und Venedig. Die Haltung Roms hingegen war die übliche: Der Papst wollte schon, traute sich aber vorerst nicht. Und so entwickelten sich die Dinge vorerst untergründig weiter. Karl V. pflegte seinen Generälen vieles abzuverlangen, aber wenig zu geben; auch nach der Schlacht von Pavia machte er in dieser Hinsicht keinerlei Ausnahme. Die großen Generäle Antonio de Leyva, der lebende Ruhm der spanischen Armee, Frundsberg und vor allem Pescara empfanden das Ausbleiben jeglicher Anerkennung, geschweige denn Belohnung nach dem Triumph von Pavia als schmerzhaft, ja als Herabwürdigung. Altüberkommene Gefolgschaftstreue und zeitgemäßes „Ich gebe, damit du gibst"-Denken mussten so in Konkurrenz treten – mit ungewissem Ausgang. Für einen trotz seiner 80 Lebensjahre modern denkenden Politiker wie den Mailänder Adeligen Giovanni Morone, seines Zeichens Francesco Sforzas Chefberater, war es allemal einen Versuch wert, den glänzendsten des militärischen Trios, den Marchese di Pescara, abzuwerben. Er stellte dem bei Pavia dreifach ver-

wundeten, krank daniederliegenden General die Unterstützung des Papstes, Frankreichs, Venedigs und Francesco Sforzas für das Unterfangen in
Aussicht, selbst die neapolitanische Krone zu gewinnen – als Gegenleistung
für den Abfall vom Kaiser, der nicht nur aus Neapel, sondern auch aus
Mailand vertrieben werden sollte. Pescara ging zum Schein auf dieses Ansinnen ein, unterrichtete jedoch Karl V. unverzüglich von der laufenden
Verschwörung und schickte sämtliche Unterlagen darüber nach Spanien.
Die Verbündeten aber ahnten von diesen Doppelspiel nichts, sondern
hegten die kühnsten Hoffnungen. Vor allem Sforza, der sich von den Statt-
haltern des Kaisers in seinem Herzogtum zum Statisten degradiert sah,
träumte von kommender Macht und Herrlichkeit. Am 14. Oktober 1525
aber machte Pescara der Verstellung plötzlich ein Ende. Morone wurde
eingekerkert, Sforza flüchtete in das starke Mailänder Kastell, wo er sich
festzusetzen vermochte. Mailand war eine geteilte Stadt – und der Papst als
Mitwisser des Komplotts desavouiert.

Gerade deshalb war Angriff die beste Verteidigung. In einem ausführ-
lichen Anklageschreiben warf Clemens dem Kaiser vor, die Bestimmungen des Frühjahrsvertrags wie der Separatartikel nicht eingehalten zu haben. Doch das waren zweifelhafte Argumente – der Papst hatte schließlich
den einen, der Kaiser den anderen Teil der ausgehandelten Bestimmungen
zurückgewiesen. So waren stärkere Vorwürfe vonnöten. Karl strebe nach
einer Hegemonie, die ganz Italien ruinieren werde; seine Herrschaft über
Mailand sei für Rom unannehmbar, zudem verstoße sie gegen die Bedingungen der Belehnung mit Neapel. Auch das war rein rechtlich betrachtet falsch, solange Sforza offiziell in Mailand regierte. Zum Schluss machte
Clemens klar, dass er sich, sofern keine Umkehr erfolge, mit Venedig und
Frankreich verbünden werde. Ein Papst, ein Wort – so schien es. Doch nach
zwei Jahren Medici-Pontifikat hatten alle Seiten gelernt, dass damit die
Diskussion erst eröffnet war.

Immerhin war die päpstliche Drohung ernst genug, um die spanische
Diplomatie zu aktivieren. In Unterredungen mit dem Nuntius Salviati be-
tonte Karl V., auch er längst ein Meister des praktischen Scheins und der
angewandten Staatsräson, seine kindliche Ergebenheit gegenüber dem
Papst sowie seine friedlichen Absichten im Allgemeinen. Wurde die Stim-

6. *Karl V. bei Mühlberg. Tizian malte Karl V. nach dem Sieg über die Protestan-*
ten als kühnen und einsamen Ritter hoch zu Ross, als Gottsucher und Gotteskrie-
ger in erhabener Abgeschiedenheit – ein Bild, das dem Selbstverständnis wie der
Propaganda des Reichsoberhaupts in idealer Weise entsprach.

mung der antikaiserlichen Partei durch den Tod Pescaras in der Nacht vom 2. auf den 3. Dezember 1525 gehoben, so machte die Gesandtschaft des spanischen Diplomaten Herrera drei Tage darauf die schüchtern aufkeimende Entschlossenheit des Papstes wieder zunichte – zum Entsetzen Gibertis, der sich schon am Ziel, der antikaiserlichen Liga, geglaubt hatte. Doch seine Verzweiflung war voreilig. Über Mailand und die leidigen 100 000 Dukaten konnten sich beide Seiten nicht verständigen. Immerhin akzeptierte Clemens den Vorschlag, für zwei Monate alle Vertragsabschlüsse aufzuschieben. Die Diplomaten des Kaisers wollten dadurch Zeit gewinnen, um die sich abzeichnende Liga zu verhindern. Konkret planten sie, Frankreich und vor allem Venedig darauf hinzuweisen, mit was für einem unsicheren Bundesgenossen sie sich einließen. Noch innerhalb dieser sechzigtägigen Frist, am 14. Januar 1526, schloss Franz I. den Vertrag ab, der ihm seine Freiheit und sein Königreich zurückgeben sollte – allerdings ein reduziertes. Neben vielen anderen Zumutungen hatte der König die Abtretung des Herzogtums Burgund sowie weiterer wichtiger Gebiete im Norden, den Verzicht auf alle Ansprüche in Italien, sei es Mailand, sei es Neapel, und eine Amnestie für Charles de Bourbon beschwören müssen. Unbegreiflicherweise war Karl V. selbst wie sein Berater Lannoy davon überzeugt, dass der König diese erpressten Zugeständnisse einhalten werde. Dass er es nicht tat, daran hatte wiederum Clemens VII. einigen Anteil – kraft seiner apostolischen Autorität erklärte er den Knebelpakt für null und nichtig. In Gestalt Franz' I. hatte der Kaiser endlich wieder einen mächtigen Gegner, Rom, so schien es, einen starken Verbündeten. Doch ganz so frei war der freigelassene Monarch nun auch wieder nicht. Zwei seiner Söhne hatte er als Geiseln stellen müssen. War in Anbetracht dieser Erpressbarkeit überhaupt damit zu rechnen, dass sich Franz auf einem italienischen Kriegsschauplatz stärker engagieren würde?

Solche und ähnliche Fragen wurden in Rom jetzt heftiger denn je debattiert. In gewisser Weise war die Zweimonatsfrist auch eine Denkpause. Wer einen Ruf als politischer Ratgeber zu verlieren hatte, wurde konsultiert. Doch auch die Ergebnisse dieser intellektuell anspruchsvollen Diskussion waren kaum dazu angetan, den, der von ihnen profitieren sollte, zu entschlossenem Handeln zu animieren. Nimmt man die vier Großen – Machiavelli, Castiglione, Guicciardini und Vettori – zusammen, so stand es wie gehabt unentschieden, zwei gegen zwei. Dabei mochte man Castigliones Votum noch am leichtesten beiseite schieben. Als treuer Parteigänger des Kaisers und künftiger Nuntius in Spanien erschien er am ehesten als parteiisch. Machiavelli und Guicciardini, sonst in fast allen politischen Grundsatzfragen unterschiedlicher Meinung, aber stimmten darin überein, Clemens VII. zur Liga gegen den Kaiser zu raten. Ihre Hauptargumente: Was hatte man zu verlieren? Sollte Karl, wogegen gute Gründe sprachen, nochmals den Sieg davontragen, würde er Mailand und Neapel behaupten – die er ja ohnehin schon besaß. Gewiss, die eine oder andere ausgesuchte Härte gegen Rom würde wohl dazukommen. Doch war ein so katholischer Monarch, aus politischen wie religiösen Gründen zudem ein geschworener Feind der lutherischen Sekte, keine Gefahr für den Stellvertreter Christi auf Erden, dessen Unterstützung er im Gegenteil dringend bedürfe. Dahinter stand die Überzeugung, dass die Religion als Herrschaftsmittel gerade in den Händen eines so mächtigen Monarchen unverzichtbar sein würde. Religion war ein Produkt der menschlichen Angst, Übernatürliches nicht zu beweisen, die Kirche aber ein Werkzeug, um das stets unruhige Volk im Zaum zu halten. Das sah Francesco Vettori, auch er einer der führenden Florentiner Patrizier und Ratgeber der Medici, ähnlich, die politische Lage aber bewertete er absolut entgegengesetzt. Vettori nämlich riet zur Vorsicht. Venedig habe sich bislang wahrlich nicht als Beschützerin des Papsttums hervorgetan; im Konfliktfall werde man an der Lagune allein die eigenen Interessen zu wahren wissen. Franz I. sei zwar ein exemplarisch guter König, der sein ritterliches Ehrenwort um des Heils seines Königreichs wegen habe brechen müssen, doch fühle er sich vor allem zum Schutz seiner beiden Söhne verpflichtet und werde unter diesen Umständen keinen weiteren Waffengang mit dem Kaiser wagen. Die harte, aber heilsame Wahrheit laute daher, dass man sich momentan mit der alles beherrschenden Vormacht Karls V. abfinden müsse. Widerstand aber hieße Selbstmord zu begehen. Stattdessen solle man den Weg der Anpassung und der Kompromisse gehen; solche einzufordern habe eine Institution wie das Papsttum mancherlei Mittel und Wege. Wäre Clemens VII. diesem einzigen Gutachten, das nicht von Illusionen diktiert war, gefolgt, Rom wäre die große Plünderung erspart geblieben.

II. Wege in die Katastrophe: Der Sacco di Roma aus der Sicht des 21. Jahrhunderts

7. Franz I. von Frankreich. Das Porträt Jean Clouets zeigt den König als Ritter ohne Furcht und Tadel – dem Schicksal, das ihm zehn Jahre zuvor so übel mitspielte, ins Gesicht lächelnd. Zu diesem Zeitpunkt ist die Scharte von Pavia längst ausgewetzt und Siegesgewissheit angesagt.

Eine Frage aber wurde in allen Denkschriften tunlichst ausgespart – die Frage, welche nicht nur die Reformatoren, sondern auch Humanisten wie Erasmus von Rotterdam immer dringlicher stellten: Was hatte der Papst, dessen Amt doch Seelsorge, Selbstaufopferung und Demut sein sollte, in diesen weltlichen Händeln überhaupt zu schaffen? Ein solcher Einwand wäre dem Papst und seiner engeren Umgebung weltfremd erschienen. Die offizielle Begründung lautete, dass der Pontifex maximus den Kirchenstaat zu verteidigen habe, der allein ihm die zur Ausübung seines Amtes nötige Unabhängigkeit garantiere. Dieses Amt aber bestand aus einem doppelten Primat: der uneingeschränkten Hoheit über die Kirche und der Oberhoheit über die christlichen Herrscher, welche der Stellvertreter Christi im Falle schwerer Verfehlungen oder des Ungehorsams gegen die Kirche abzusetzen befugt sei. Dass diese Standardargumente anno 1526 nicht stichhaltig waren, fiel ins Auge. Überparteilichkeit sowie Mahnungen zum Frieden zwecks effizienter Verteidigung gegen die anstürmenden Türken schienen nicht nur Erasmus, sondern den meisten Humanisten nördlich der Alpen dem Amt weitaus angemessener. Und auch die praktische Nutzanwendung des politischen Denkers Guicciardini fiel kritisch aus: Ein Papst musste gewiss Politiker sein können, doch niemand zwang ihn, sich wie Clemens VII. derartig intensiv in die Machtkämpfe der Zeit verwickeln zu lassen. Dass er es dennoch tat, war für Guicciardini eine unmittelbare Folge des alles beherrschenden Nepotismus. Seit Sixtus IV. della Rovere war es das Ziel fast aller Päpste, für ihre Blutsverwandten eigene Staaten zu gewinnen, und zwar unter Aufbietung aller geistlichen wie weltlichen Machtmittel. Diese Priorität wiederum hatte zur Folge, dass immer mehr Kardinalate aus nepotistischen Gründen vergeben wurden. Diese neuen Kirchenfürsten, von denen man die Unterstützung der Nepoten nach dem Tode des Papstes erwarten durfte, hatten ihrerseits beträchtliches Kapital in den Erwerb ihres Amtes investiert und pochten auf Renditen. Dementsprechend pflegten sie einen immer weltlicheren Lebensstil und hatten immer weniger Skrupel, einen Papst zu wählen, der ihre Interessen zu wahren versprach. So wurde jedes neue Konklave ab 1471 zu einer Börse, in der sich der Wert der Kandidaten an ihren Versprechungen bemaß. Wer den Kardinälen die lukrativsten Pfründen und reichsten Besitztümer verhieß, wurde gewählt. Kirchenrechtlich war das Simonie und streng verboten, de facto waren Alexander VI. und Julius II. so auf den Stuhl Petri gelangt. Solchen Praktiken stand Clemens VII. entschieden ablehnend gegenüber. Die Zeitumstände hatten zur Folge, dass ihm selbst diese moralisch einwandfreie Haltung zum Unheil ausschlug.

An der Jahreswende 1525/26 aber ging es in Rom allein um die Frage Frankreich oder Spanien. Und auch hier schien sich die Waagschale definitiv zu neigen. Dazu trug die Lage in Mailand wesentlich bei, wo die Spanier Francesco Sforza in seinem Kastell belagerten – die lombardische Metropole, so schien es, würde damit endgültig unter die direkte Hoheit des Kaisers fallen. Clemens schickte deshalb Botschafter nach Frankreich, dessen Boden Franz I. am 17. März wieder als König betreten hatte. Schon drei Wochen später war er für die Liga mit dem Papst und Venedig gewonnen, das mit der Anwerbung von Truppen den Anfang machte. Auch Heinrich VIII. von England wurde als Alliierter in Aussicht genommen, stellte jedoch unerfüllbare Forderungen. So wurde die Liga von Cognac am 22. Mai 1526 ohne ihn und nur zwischen Clemens VII., Franz I., Venedig und Francesco Sforza geschlossen.

Wie in allen derartigen Vertragstexten der Zeit klafften zwischen der weihevollen Sprache, den darin beschworenen hehren Werten und den tatsächlich ins Auge gefassten politischen und militärischen Zielen Welten. Als leitende Perspektive wurde – wie kann es auch anders sein – der Frieden in der Christenheit proklamiert; ihn vermöge man nur herbeizuführen, wenn man der zur Willkür ausartenden Allmacht des Kaisers Schranken setze. Mit anderen Worten: Nicht dessen Schaden, sondern eine wohltätige Zurückführung zu den wahren Aufgaben des kaiserlichen Amtes sei das Ziel des Bündnisses, das sich auf diese Weise so defensiv wie möglich einkleidet. In Wahrheit aber ging es um reine Machtfragen. Mailand sollte an Francesco Sforza gehen, der dafür dem französischen König einen hohen jährlichen Zins zu zahlen hatte; auch die Hoheit über Genua wurde Franz I. verheißen. Darüber hinaus war der Zustand vor der Schlacht von Pavia auf der gesamten Halbinsel wiederherzustellen. Der französische König versprach, die Feinde der Liga nördlich der Alpen anzugreifen und so an einer Intervention in Italien zu hindern. Seine Söhne sollte ihm Karl nach Zahlung eines moderaten Lösegelds zurückgeben; weigerte er sich, so würde die Liga zu ihrer Befreiung ein Heer aufstellen. Verwarf Karl die Forderungen in Bausch und Bogen, so sollte er auch Neapel verlieren. Dieses Königreich würde der Papst dann einem italienischen Fürsten übertragen, der Franz I. dafür einen hohen Jahrestribut entrichten sollte. Dieser versprach überdies, Florenz und die Medici in seinen Schutz und Schirm aufzunehmen. Zur militärischen Durchsetzung des Programms sollten Schweizer angeworben werden; die Verteilung der zu diesem Zweck nötigen finanziellen Lasten wurde minutiös geregelt. Auf dem Papier.

Auf den Punkt gebracht, lief alles darauf hinaus, die Hegemonie Spaniens gegen eine kaum minder ausgeprägte Vorherrschaft Frankreichs auszutauschen – die reichlich eingestreuten Parolen von der Befreiung Italiens widerlegten sich so von selbst. Glaubten diejenigen, die diesen Pakt unterzeichneten, wirklich daran, dass er sich umsetzen ließ? Im Falle Frankreichs und Venedigs fällt die Antwort nicht schwer. Sie lautet: gewiss nicht. Beide Mächte verfolgten, wie sich bald zeigte, ganz andere Ziele. Francesco Sforza in seinem Kastell, in dem die Vorräte zur Neige gingen, hingegen hatte so gut wie nichts mehr zu verlieren. Und der Papst, Dreh- und Angelpunkt des Ganzen? Er alleine war voller Optimismus. So schwankend Clemens VII. ansonsten auch auftrat, an diese Allianz hat er – von den üblichen Anfechtungen der Angst abgesehen – geglaubt. Und zwar bis zum Ende.

Wieder schlug jetzt seine so lange vorherrschende Angst in Überschwang um; die Römer insgesamt ließen sich davon anstecken und gebärdeten sich nicht nur verbal sehr aggressiv. Erklärte Anhänger Spaniens ließen sich tunlichst auf den Straßen der Ewigen Stadt nicht mehr blicken. Noch aber gaben die Diplomaten Karls V. das Spiel nicht verloren – was war bei diesem Papst schon endgültig? Und so wurde Don Hugo de Moncada, ehemaliger Vizekönig von Neapel und Sizilien, schon im Juni 1526 als kaiserlicher Sondergesandter bei Clemens vorstellig, um ihn aus dem gerade erst geschlossenen Bündnis wieder herauszulösen. Sein mit dem Kaiser abgesprochener Auftrag lautete, anderenfalls die inneren Verhältnisse Roms und des Kirchenstaats zur Förderung der spanischen Interessen auszunutzen, im Klartext: die allzeit bereiten Colonna zum Aufstand gegen den Papst aufzureizen. Doch gab es noch weitere Optionen. Clemens hatte erst kürzlich eine neue Steuer auf Fleisch erhoben, die viel böses Blut machte – in volkstümlicher Sicht war ein Herrscher, der neue Abgaben einführte, ein Tyrann, dem es sich zu widersetzen galt. Auch diese Missstimmung auszunutzen behielt man sich vor.

Diesmal nämlich war Clemens nicht gesonnen, zurückzuweichen. Stattdessen ließ er am 23. Juni ein langes Breve absenden, das Karl V. einen umfassenden Katalog seiner Sünden vorhielt. Der Text liest sich wie der Bericht über eine durch einseitiges Verschulden zerrüttete politische Freundschaftsbeziehung. Kernpunkt der Vorwürfe: die nicht zurückgezahlten 100 000 Dukaten. Dazu kamen viele weitere gebrochene Versprechen. Sich selbst stellte der Papst als Opfer dar: in den undurchsichtigen Umtrieben der Großen dieser Welt hin und her gestoßen, stets auf der Suche nach Ausgleich und Frieden. Zu diesem Zweck habe er den Kaiser sogleich von der Verschwörung Morones in Kenntnis gesetzt. Was den Empfänger noch mehr in Rage versetzen musste als solche offensichtlichen Unwahrheiten, war die moralische Anklage: Karl sei einem unersättlichen Machtstreben verfallen und solle sich zügeln, und zwar nach dem Vorbild anderer, nicht nur in dieser Hinsicht vorbildlicher Fürsten. Kurz darauf aber erfasste den Papst panische Angst. Wie würde der derartig abgekanzelte Kaiser reagieren? Und so machte sich schon 48 Stunden später ein zweiter Eilbote mit einem im Ton weitaus verbindlicheren Breve auf den Weg. Einholen konnte er seinen Kollegen allerdings nicht mehr. So erhielt Karl V. im Abstand von zwei Tagen zwei Botschaften. Und machte sich das Vergnügen, auf beide gleichermaßen zu antworten; das war höfische Ironie der ätzenden Art.

Nach dem Krieg der Worte waren jetzt auch die militärischen und subversiven Operationen eröffnet. In Rom steigerte sich der schwelende Protest gegen die Fleischbesteuerung mit spanischer Rückendeckung zu offenem Aufruhr. Als die päpstlichen Sbirren der Rädelsführer habhaft zu werden versuchten, fanden diese im Palast des spanischen Gesandten Asyl. Die Macht des Papstes endete an dieser Tür. Doch das war nur ein Vorgeplänkel. Im Sommer 1526 richteten sich alle Blicke auf Mailand. Dort wurde nicht nur die Situation Sforzas in seiner umzingelten Festung, sondern auch die Lage der Spanier immer unbehaglicher. Die Mailänder hatten die – unerwünschte – Gelegenheit gehabt, die Herrschaft der Franzosen, Schweizer und Spanier mit der Machtausübung diverser Sforza-Herzöge miteinander vergleichen zu können. Gute Noten gab es für niemanden, wohl aber Abstufungen der Verhasstheit. Und hier standen die Spanier momentan ganz oben. Unbeliebt waren ihre Führer auch bei den eigenen Soldaten. Diese nämlich hatten seit langem keinen Sold mehr gesehen. Und das machte sie reizbar. Wer ihnen den Lohn vorenthielt, machte ihnen die Ehre streitig. Die Kommandeure mochten noch so wortreich das Gegenteil beteuern – von dieser tief verwurzelten Überzeugung ließen sich weder schweizerische Reisläufer noch deutsche Landsknechte oder ihre spanischen Berufskollegen abbringen.

Die lange Angst

Für die Liga hieß es daher, die Gunst der Stunde zu nutzen und schleunigst zur Tat zu schreiten. So lautete zumindest der Appell Francesco Guicciardinis, den Clemens VII. zum Generalkommissar seiner Truppen ernannt hatte. Anstatt auf die von Franz I. versprochenen Truppen und weitere Schweizer zu warten, sollten die päpstlich-venezianischen Verbände unverzüglich gegen Mailand vorrücken, bevor Karl V. seinerseits Verstärkungen aus Deutschland zusammenziehen konnte. Bei nüchterner Betrachtung der Truppenstärken und der Logistik sprach alles für diese Strategie. Die Liga hatte einen klaren Rekrutierungsvorsprung, rein zahlenmäßig stand es 23 000 zu 11 000. Zudem waren die päpstlichen und venezianischen Söldner ausgeruht und, da bezahlt, auch nicht rebellisch. Doch Guicciardini konnte noch so souverän argumentieren, er schrieb und redete gegen eine Wand. Oder besser: gegen einen Feldherrn.

Der Oberkommandierende der venezianischen Verbände hieß mit Taufnamen Francesco Maria della Rovere, mit Adoptivnamen aber Montefeltro.

Von mütterlicher Seite war er der Enkel des großen Federico da Montefeltro (1422–1482), des längst zum Mythos gewordenen Feldherrn und Kunstförderers. Sein Vater hingegen stammte aus einer Familie von ligurischen Krämern und Gemüsehändlern, die durch Sixtus IV. in die schwindelerregende Höhe regierender Fürsten emporgehoben worden war. Von Guidobaldo da Montefeltro, dem kinderlosen Sohn Federicos, 1504 adoptiert, hatte er nach dessen Tod 1508 unter der Regierung des zweiten Della-Rovere-Papstes Julius II. in Urbino eine ungefährdete Nachfolge angetreten. Mit dieser Ruhe war es allerdings acht Jahre darauf schlagartig vorbei, als Leo X. Urbino zum erblichen Familienfürstentum der Medici machte. Solche Coups waren alles andere als unüblich, doch wurde die Vertreibung des Herzogs von der italienischen Öffentlichkeit als skandalös empfunden. Die Montefeltro hatten die Medici in der Zeit ihres Exils nach 1494 vielfältig unterstützt, konnten also auf Dankesschuld Anspruch erheben – stattdessen dieser schmutzige Krieg! Der Hauptfeldherr der Liga hatte somit allen Grund, gegen die Familie Medici Groll zu hegen. Schlimmer noch, mit Clemens VII. hatte er sogar eine ganz spezielle Rechnung offen. Obwohl er nach dem Tod Leos X. Ende 1521 rasch die Herrschaft in Urbino zurückgewann, war er nicht völlig saturiert; das Gebiet um Montefeltro und die Festung S. Leo waren bei Florenz verblieben. Forderungen nach ihrer Rückgabe aber stießen beim Papst auf taube Ohren. Zudem brauchte man nur vier Jahrzehnte in der Geschichte zurückzugehen, um auf eine weitere düstere Episode zu stoßen. Diesmal war es ein Trauma des Papstes. Bei der Pazzi-Verschwörung im April 1478 hatte nicht nur Sixtus IV. della Rovere, sondern auch Federico da Montefeltro seine Hand im Spiel, genauer: am Dolch gehabt, der Giuliano de' Medici, Clemens' Vater, am Hochaltar der Florentiner Kathedrale während der Messe durchbohrt hatte. So ist unbegreiflich, dass Clemens gegen die Ernennung dieses Kommandanten nicht vehementen Protest einlegte.

So aber herrschte unter den Verbündeten von Anfang an Misstrauen. Ja, der ebenso scharfsinnige wie ohnmächtige Francesco Guicciardini sah seinen Verdacht, dass es in dieser Liga nicht mit rechten Dingen zuging, schnell bestätigt. Der Herzog von Urbino nämlich widersetzte sich jedem entschlossenen Vorrücken gegen Mailand aufs entschiedenste. Erst

8. *Francesco Maria della Rovere, Herzog von Urbino. Tizian malt den Feldherrn, der den Kampf um Rom verweigerte, als verantwortungsbewussten Landesherrn und Meister der Kriegskunst. Zehn Jahre nach dem Desaster ist bei allen Beteiligten das Gewissen rein.*

sollten die Schweizer eintreffen, so seine Parole, wahlweise auch: erst die Franzosen. Als dann den kaiserlichen Truppen auch noch die Stadt Lodi abhandenkam und ein Vormarsch mit keinem Vorwand der Welt mehr zu vermeiden war, operierte der Kommandant auf seine Art: überaus gemächlich, ja mit regelrechten Schleichetappen. Auf diese Weise fand der ungleich energischer agierende Charles de Bourbon Gelegenheit, mit frischen Verstärkungen und neu aufgetriebenem Geld zu den Eingeschlossenen zu stoßen. Am 6. Juli 1526 vor den Mauern Mailands angekommen, befahl Della Rovere am folgenden Tag einen Angriff, den er jedoch halbherzig ausführen und bald abbrechen ließ. Guicciardini, der seinen Augen nicht traute, tröstete sich mit bitterer Ironie: veni, vidi, fugi. Dieser falsche Cäsar kam, sah und floh. Noch grotesker fiel kurz darauf der zweite Marsch auf Mailand aus. Nachdem zusätzlich 5000 kampftüchtige Schweizer eingetroffen waren, rückte das Heer am 22. Juli wiederum vor die Mauern, wo es weitgehend untätig verharrte. Als die Verteidiger nach einigen Tagen angespannten Wartens frühmorgens mit dem Angriff rechneten, rieben sie sich die Augen: Wo bitte waren die Feinde? Der Herzog hatte den Rückzug angeordnet, da halfen alle Proteste nichts. Danach fielen im Kriegsrat harte Worte. Der Kommandant äußerste sich verächtlich über seine eigenen Soldaten. Die Italiener seien notorisch feige und auch die hoch gerühmten Schweizer den Spaniern wie den deutschen Landsknechten nie und nimmer gewachsen.

Dass der belagerte Sforza-Herzog, der so große Hoffnungen auf das Ligaheer gesetzt hatte, unter diesen Umständen aufgab, konnte nicht verwundern. Die Liga hatte einen Akteur weniger – und eine Schlappe mehr. In der Republik Siena hatte nach der Schlacht von Pavia die romfreundliche Partei die Macht verloren. Um sie wieder in den Sattel zu heben, ließ Clemens VII. die Stadt jetzt von fünf Seiten aus angreifen. In seinem Auftrag nahm der genuesische Flottenführer Andrea Doria die Häfen Talamone und Porto Ercole ein. Und auch der Vormarsch zu Lande schritt rasch voran – bis sich die Kommandanten über Taktik und Ziele zerstritten und die Sienesen erfolgreich zum Gegenangriff übergingen. Siena blieb so in den Händen der Feinde und ein Keil zwischen Florenz und Rom. Die Ewige Stadt wurde jetzt, da der Krieg im Norden stagnierte, zur eigentlichen Bühne des Konflikts. Aufgeführt wurde ein Stück der Täuschung und der Gewalt. Hauptakteur war wiederum Don Hugo de Moncada, des Kaisers Mann in Rom: ein Meister in der Kunst der Staatsräson und des planvoll in die Irre führenden Scheins. In enger Absprache mit dem Kaiser nahm dieser rührige Agent jetzt die „Operation Colonna" in die Hand. Sie wurde sein Meisterstück.

Die Spannungen zwischen dieser mächtigsten Familie Roms und dem Papst hatten sich so weit zugespitzt, dass Kardinal Pompeo, das Oberhaupt der Sippe, gegen den Willen des Papstes Rom verlassen hatte und in seine ländlichen Besitzungen gezogen war; davon hatte ihn auch eine scharfe Abmahnung aus dem Vatikan nicht abgehalten. Im Juli 1526 zogen die Colonna Truppen zusammen und traten allenthalben herausfordernd auf; bewaffnete Auseinandersetzungen schienen unabwendbar. Da kam Moncada, der seine guten Dienste als Vermittler anbot, wie gerufen. Clemens war umso argloser, als er mit Vespasiano Colonna verhandelte, dem er als einzigem Familienmitglied Vertrauen schenkte und vielfältige Förderung erwiesen hatte. So wurde man sich mit geradezu wundersamer Schnelligkeit über alle wesentlichen Punkte einig, ja, jahrzehntelange Animositäten schienen wie von Zauberhand behoben. Der am 20. August 1526 unterzeichnete Vertrag versprach eitel Harmonie: keine Truppenkonzentrationen der Colonna, keine Sanktionen gegen den Kardinal, umfassende Besitzstandsgarantien für den gesamten Clan. Clemens VII. glaubte die römische Front befriedet. Und nach der Angst kam jetzt, wie von Moncada vorhergesehen, die Euphorie. Und mit ihr, nicht weniger einberechnet, der Geiz. Da die Gefahr durch die Colonna jetzt gebannt war – so Clemens' Kalkül –, konnte man beruhigt die teuren Schutztruppen entlassen. Zum Entsetzen seiner Ratgeber entließ er diese bis auf den bescheidenen Rest von 500 Mann. Die Ewige Stadt war militärisch entblößt. Jetzt konnten die Masken fallen.

Am 19. September traf in Rom die Schreckensnachricht ein, dass eine Colonna-Armee von 5000 Mann Anagni eingenommen habe, um darauf nach Rom vorzurücken. Clemens musste erkennen, dass er nach allen Regeln der Kunst ausmanövriert worden war. Doch wie ernst die Lage war, blieb ihm immer noch verschlossen; die Anwerbung frischer Truppen jedenfalls wurde auf den nächsten Tag verschoben. Doch da war es bereits zu spät. Die Verbände der Colonna waren die ganze Nacht hindurch marschiert und standen bei Anbruch der Morgendämmerung vor den südlichen Stadttoren. Von Verteidigungsmaßnahmen konnte keine Rede sein;

zudem durften die Colonna innerhalb der Mauern auf eine große Zahl von Parteigängern zählen. Und so zog die Clan-Armee in geordneter Formation vom Lateran zum Colonna-Palast bei Santi Apostoli, wo nach so vielen Anstrengungen erst einmal zu Mittag gegessen wurde. Feindliche Übergriffe hatte man bei Speis und Trank nicht zu befürchten. Der Einmarsch war von Herolden begleitet, die den Römern Entwarnung gaben: Niemand habe auch nur das Geringste zu befürchten, der Sturz des Tyrannen Clemens sei das alleinige Ziel. So konnten die Römer beruhigt nach Hause gehen, wenn sie es nicht vorzogen, die Eindringlinge mit Hochrufen zu begleiten. Für den Papst aber rührte sich keine Hand.

Nicht einmal seine eigene – entschlossene Verteidigungsanstrengungen in letzter Minute blieben aus. So rückten die Colonna-Truppen unbehindert über den Ponte Sisto nach Trastevere vor und marschierten von dort aus über die Via della Lungara zum Borgo, dem vatikanischen Stadtviertel mit eigenen Mauern und Toren. Die Schwachstelle dieser Befestigungen war, wie die Colonna sehr wohl wussten, die Porta Santo Spirito. Sie wurde nach kurzem Kampf aufgesprengt, womit der Weg zum Papst offen war. Dieser wollte die Frevler eigentlich hoheitsvoll in Prunkgewänder gehüllt auf seinem Thron erwarten. Doch die Zeit für solche pathetischen Gesten war vorbei, Pompeo Colonna würde ihn ganz unfeierlich erdolchen – spät, doch nicht zu spät konnten ihn seine Ratgeber mit diesen Argumenten zur Flucht in die Engelsburg überreden. Den Fluchtkorridor auf der Mauerkuppe hatte Alexander VI. gleich nach Beginn seiner turbulenten Regierung 1492 in weiser Voraussicht der kommenden Ereignisse erbauen lassen.

Vatikan und Peterskirche wurden kampflos aufgegeben. Hier hatten die Colonna und ihre Truppen reichlich Gelegenheit, ihren Leidenschaften zu frönen: Die einfachen Soldaten plünderten und machten in den kostbar ausgestatteten Räumen reiche Beute. Ihre Anführer aber wollten mehr als Gold und Gobelins; sie wollten Clemens nicht nur materiell, sondern auch symbolisch schaden. Dazu bot der eroberte Ort beste Gelegenheiten. Aus den innersten Wohngemächern des Papstes wurde seine Tiara nebst bischöflichem Hirtenstab entwendet; mit den Insignien der Macht sollte Clemens VII. seine Autorität verlieren. Und auch, wer an seine Stelle treten sollte, wurde aufgeführt. Soldaten legten die Pontifikalgewänder des Papstes an und spendeten parodistisch Segen. Das war Hohn und zugleich eine Machtdemonstration: Pompeo Colonna, seit Jahren der ehrgeizige Möchtegern-Papst im Wartestand, glaubte sich endlich am Ziel. Darüber hinaus wurden die Altäre der Basilika aller liturgischen Gerätschaften beraubt. Auch diese Profanierungs-Botschaft war eindeutig: Clemens VII. war ein Usurpator, der sich das Petrus-Amt widerrechtlich angeeignet hatte. Man musste nicht Anhänger Luthers sein, um die Basilika und den Palast zu entweihen; politische Opposition und persönliche Feindschaft reichten völlig aus. Ja, wer aus Clemens' näherer Umgebung unvorsichtigerweise im Vatikan geblieben war, musste jetzt um sein Leben fürchten. Reiche Prälaten wurden bedroht, gefangen genommen und erst gegen Zahlung von Lösegeld wieder freigelassen. Am Ende belief sich der Schaden auf 300 000 Dukaten, ein Vielfaches der durch die Entlassung der Truppen eingesparten Summe. Die nächste peinliche Überraschung erwartete Clemens VII. in der Engelsburg. Dort fehlte es am Nötigsten, nämlich an Vorräten für eine längere Belagerung. Der Kastellan der Festung, Guido de' Medici, hatte die dafür bestimmten Gelder nach Nepoten-Art persönlicheren Bestimmungen zugeführt. Geiz und Nepotismus führten in den politischen Ruin – so der kluge Francesco Guicciardini.

Der von allen guten Geistern und seinen Verwandten verlassene Clemens VII. musste daher schon tags darauf einen Vertrag annehmen, den natürlich niemand anders als der allzeit bereite Moncada vermittelte. Den Colonna und allen ihren Helfershelfern wurden volle Verzeihung und freier Abzug nach Neapel zugesagt. Zudem verpflichtete sich der gedemütigte Papst, seine Truppen von den Kriegschauplätzen im Norden Italiens abzuziehen, also de facto aus der vier Monate zuvor geschlossenen Liga auszuscheiden. Selbst die Stellung von Geiseln aus dem näheren Umkreis der Medici-Sippe blieb ihm nicht erspart. 24 Stunden später war der Spuk vorbei und das Colonna-Heer in die Albaner Berge abmarschiert. Clemens' einzige Genugtuung: Kardinal Pompeo war mindestens so frustriert wie er, hatte er doch fest mit der Ermordung oder zumindest Absetzung seines Todfeinds gerechnet. So aber waren beide Seiten nicht gesonnen, den Pakt einzuhalten. Clemens warb neue Truppen zum Schutz seiner Hauptstadt an, und zwar diesmal reichlich; die Kämpfe im römischen Umland flammten daher rasch wieder auf. Überdies eröffnete der Papst einen förmlichen Prozess gegen Kardinal Pompeo, der am 21. November aller seiner Würden und Pfründen entkleidet wurde. Und doch wäre Clemens nicht Clemens gewesen, wenn nicht auch die Angst ihren Anteil eingefordert hätte. Zum Entsetzen Guicciardinis nämlich befahl ihm der Papst, seine Truppen südlich des Pos zurückzuziehen; der politisch und militärisch wichtigste Artikel des Erpressungs-Vertrags wurde damit erfüllt. Doch auch nicht vollständig. Gleichzeitig nämlich gab der Medici-Papst Order, insgeheim so viele Bewaffnete wie möglich an seinen entfernten Verwandten Giovanni de' Medici abzugeben, der nach dem Erkennungszeichen seiner Truppen „delle bande nere" genannt wurde und als Einziger der Familie militärisches Renommee genoss. Keine Maßnahme ohne Gegenmaßnahme: Mehr konnte man nicht tun, um Verbündete wie Feinde gleichermaßen vor den Kopf zu stoßen. Doch blieb natürlich auch dieses bittere Fazit Guicciardinis ohne Konsequenzen.

Unterdessen waren in der Lombardei 4500 Mann eingetroffen, die Franz I. zur Unterstützung seiner Alliierten schickte. Das war zwar nur ein Bruchteil der Sollstärke, doch erhöhte sich dadurch die Übermacht der Liga weiter. Folgen zog diese Verstärkung jedoch nicht nach sich. Zu Kampfhandlungen von Belang war der Herzog von Urbino weiterhin nicht zu bewegen. Dabei war entschlossenes Handeln dringlicher denn je. Von Karl V. und seinem Bruder Ferdinand in den schmeichelhaftesten Tönen beschworen, ließ Georg von Frundsberg, obgleich krank und des Kriegs müde, ein weiteres Mal die Werbetrommel rühren. Und zwar mit durchschlagendem Erfolg – der „Vater der Landsknechte" rief und seine „Kinder" strömten ihm zu. Binnen kurzem kamen so 12 000 Mann zusammen, darunter viele in Italien bewährte Veteranen und erfahrene Hauptleute wie Sebastian Schertlin von Burtenbach, Klaus Seidensticker, Wilhelm Neydthart, Michael Hartmann, Konrad von Bemelberg und viele andere. An Söldnern fehlte es also nicht, dafür, wie immer, an Geld. Frundsberg verpfändete den Schmuck seiner Frau und sogar sein Schloss, die Mindelburg; die 38 000 Gulden, die er dafür erlöste, reichten gerade für eine erste Monatszahlung aus. Am 2. November 1526 war Musterungstag in Bozen. Über seine Männer äußerte sich Frundsberg ungewohnt ernüchtert. Viel Gesindel sei da zusammengekommen, kein Vergleich mit der älteren, besseren Zeit. Früher hätten die Landsknechte bei aller Ungebärdigkeit immerhin Disziplin und Ehre gehabt. Diese Truppe hier aber schien noch schwerer lenkbar. Wie würde sie sich erst verhalten, wenn der Sold ausblieb?

Der lange Marsch

Und wie sollte man die Alpen überqueren, wenn die Liga die gängigen Pässe sperrte? Frundsberg wich auf abenteuerliche Nebenstrecken aus, geriet den Spähern der Liga aus dem Blickfeld und erreichte am 19. November die Gegend von Brescia, wo ihn niemand vermutet hatte. Von dort aus bewegte er sich in Richtung Mantua; unterwegs ließ ihm Herzog Alfonso d'Este, inzwischen offen auf der Seite des Kaisers, dringend benötigte Geschütze zukommen. Einem ersten, von Frundsberg selbst abgefeuerten Probeschuss fiel am 30. November der einzige Liga-General zum Opfer, der zum Kampf entschlossen war: Giovanni delle Bande Nere, 28 Jahre alt. So konnten die Landsknechte ungehindert den Po überqueren und den Weg nach Mailand einschlagen, wo sie von den spanischen Truppen und deren Kommandanten Charles de Bourbon sehnlichst erwartet wurden. Die Mailänder waren ausgehungerter denn je, die Truppen seit Monaten ohne Sold und deshalb in einer so rebellischen Stimmung, dass sich der General seines Lebens nicht mehr sicher fühlen durfte. Extreme Maßnahmen, ja verzweifelte Entschlüsse drängten sich auf – was hatte man schon zu verlieren?

Alle diese Nachrichten riefen in Rom tiefe Besorgnis hervor. Im Sommer noch so siegessicher, wähnten sich Giberti und Clemens ein halbes Jahr später am Rande des Abgrunds. Dazu trugen die offiziellen kaiserlichen Verlautbarungen das Ihre bei. Am 12. Dezember 1526 überreichte der spanische Gesandtschaftssekretär Juan Pérez in Anwesenheit des Papstes den Kardinälen ein Schreiben Karls V. vom 6. Oktober, in dem der Kaiser die Kirchenfürsten dazu aufforderte, ein Konzil einzuberufen, vor dem sich Clemens rechtfertigen sollte. Mit dergleichen Prozeduren versuchten die Fürsten, Päpste seit Jahrhunderten gefügig zu machen. Karl V. aber war bekanntermaßen kein Mann leerer Drohungen. Da zudem spanische Truppen aus Neapel gegen die päpstliche Stadt Frosinone im südlichen Latium vorrückten, reagierte der Papst mit heller Panik. So wurde um die Jahreswende 1526/27 im Zeichen der Angst darüber diskutiert, wie man sich retten konnte. Zur Debatte standen: Flucht, Kampf oder Verhandlungen. Sich aus Rom an einen sicheren Ort zurückzuziehen, hätte – so Clemens' Befürchtung – die schlimmsten Folgen: Die Colonna würden in Rom einrücken und einen neuen Papst wählen lassen. Auf ein militärisches „Alles oder nichts" konnte man es mit dem Herzog von Urbino als Feldherrn ebenfalls nicht ankommen lassen – das wäre das sichere Nichts. So blieb nur die Option, einen Waffenstillstand und danach einen halbwegs erträglichen Frieden herbeizuführen.

Über solche Erörterungen war Zeit verstrichen, zu viel Zeit, wie der päpstliche Generalkommissar Guicciardini in immer verzweifelteren Briefen vermerkte. Denn natürlich hatte der Herzog von Urbino weiterhin nichts gegen die feindlichen Manöver unternommen. Bourbon war dafür umso aktiver. In Mailand wunderten sich die Wächter Morones, dass ein Todeskandidat wenige Tage vor dem Weg zum Schafott so fröhlich war. Doch der intrigante Greis hatte allen Grund, zuversichtlich nach vorn zu blicken. Er hatte sich längst mit Bourbon auf einen Pakt Leben gegen Geld geeinigt: 20 000 Dukaten als Preis für seine Begnadigung und Aufnahme in den kaiserlichen Rat. Mit dieser Summe bekam der Feldherr sein Heer wieder flott; eine starke Besatzung unter Leyva blieb in Mailand, der Rest zog Frundsberg entgegen. Am 7. Februar 1527 trafen die beiden kaiserlichen Verbände bei Piacenza zusammen. Das gemeinsame Heer war gut 22 000 Mann stark; davon waren etwas mehr als die Hälfte deutsche Landsknechte, ein knappes Viertel Spanier, der Rest Italiener. Diese neu formierte Armee aber wandte sich nicht nach Norden, wo das Heer der Liga stand, sondern begann am 22. Februar den Marsch nach Süden. Jetzt, so Guicciardini, war die Gelegenheit gekommen, dem Alptraum ein Ende zu bereiten. Bourbons und Frundsbergs Männer waren von Kälte und Hunger entkräftet; einer entschlossenen Attacke würden sie nicht standhalten. Doch zu einem solchen Angriff war der Liga-Feldherr weiterhin nicht zu bewegen. Er begnügte sich damit, diesem immer unkontrollierbareren Heer in sicherem Abstand zu folgen. Dieses zog ohne wesentliche Kampfhandlungen an Parma und Modena vorbei und lagerte am 8. März nur noch eine Tagesreise von Bologna entfernt, der zweitgrößten Stadt des Papstes.

Dieser hatte unterdessen Vorkehrungen getroffen, allerdings auf seine Art. Als einen seiner Truppenführer engagierte er Orazio Baglioni aus der mächtigsten Familie Perugias, der drittgrößten Stadt des Kirchenstaates. Der neu angeworbene General hatte allerdings die letzten drei Jahre seiner Unbotmäßigkeit wegen im Gefängnis der Engelsburg geschmachtet. Clemens, so spotteten die Verse an der Pasquino-Statue, Roms anonymem Satireforum, hatte ein Händchen dafür, neue Mitarbeiter zu motivieren. Günstiger sah es mit dem Oberkommandierenden aus. Renzo Orsini besaß eine solide militärische Reputation, neigte allerdings – wie sich bald zeigen sollte – ganz im Gegensatz zu seinem Dienstherrn zu sehr optimistischen Einschätzungen der Lage – hatte er Bourbon nicht dreißig Monate zuvor in Marseille eine Lektion in überlegener italienischer Kriegskunst erteilt? Um ganz sicherzugehen, wurde sogar die römische Bürgerschaft militärisch trainiert, allerdings mit bescheidenen Resultaten; zu lange schon waren die römischen Handwerker der Waffen entwöhnt. Ernüchternd endeten auch Clemens' Aufrufe an den römischen wie neapolitanischen Adel, für Papst und Vaterland das Schwert zu ergreifen.

Kein Wunder also, dass gleichzeitig Verhandlungen geführt wurden. Am 25. Januar war der kaiserliche Gesandte Cesare Fieramosca mit den Bedingungen für einen Waffenstillstand in Rom eingetroffen. Im Ton verbindlich, ja beschwichtigend, waren die Klauseln in der Sache hart. Clemens sollte den Colonna die diesen zwischenzeitlich entrissenen Besitzungen zurückgeben und 200 000 Dukaten zahlen. Das war für diesen Papst ein schwerer Schlag. So wurde die Unterzeichnung um einige Tage aufgeschoben, während derer ein Waffenstillstand vereinbart wurde. Die päpstlichen Truppen aber gingen zum Angriff über und brachten den Spaniern bei Frosinone eine Niederlage bei. So nebensächlich dieser Erfolg auch für die militärische Großwetterlage war, so bewirkte er doch, zusammen mit der mächtigen Triebkraft des Geizes, im Gemüt Clemens' VII. einen vollständigen Umschwung. Jetzt gewann, nach so viel Jammern und Zagen, wieder die Euphorie und mit ihr die Kriegslust die Oberhand. Dazu trug weiter bei, dass in letzter Minute die Verschwörung eines weiteren römischen Hocharistokraten aufgedeckt werden konnte. Napoleone Orsini hatte sich von den Colonna, seinen Erbfeinden, dafür gewinnen lassen, als Clemens' militärischer Beschützer im Borgo aufzutreten und unter diesem Deckmantel acht Kardinäle zu ermorden. Gott und das Kriegsglück schienen mit dem Papst zu sein. Von der Zahlung der 200 000 Dukaten war jetzt keine Rede mehr. Neapel angreifen, lautete stattdessen die Parole. Kurz darauf aber kamen neue Nachrichten aus Frankreich, die unmissverständlich zum Ausdruck brachten, dass Franz I. seine Mitgliedschaft in der Liga ruhen zu lassen gedachte. Neue Truppen waren von ihm nicht zu erwarten; eilig angestellte Bilanzierungen ergaben, dass er gerade einmal 9000 Dukaten gezahlt hatte.

Jetzt reute den Papst bitterlich, dass er das in Aussicht gestellte Abkommen ausgeschlagen hatte. Und so wurden Boten ausgesandt, welche den eben noch vor den Kopf gestoßenen Fieramosca zurückrufen sollten. Am 11. März war dieser wieder in Rom, und zwar mit neuen Bedingungen. Clemens schwankte vier Tage lang, dann nahm er sie an. Dass er so lange zögerte, verwundert. Denn seltsamerweise waren die Konditionen viel milder als sechs Wochen zuvor. Den Colonna sollte zwar die päpstliche Gnadensonne wieder scheinen, doch erhielten sie ihre verlorenen Lehen nicht zurück. Und statt der 200 000 Dukaten sollte Clemens jetzt nur noch 60 000 für den Sold der kaiserlichen Truppen zahlen; dafür bekam er einen achtmonatigen Waffenstillstand zugesichert, war also für weniger als ein Drittel des ursprünglichen Betrages aller unmittelbaren Sorgen ledig. Auf die Stärke des kaiserlichen Heeres umgerechnet, machte dieser Betrag knapp drei Dukaten pro Kopf aus, den doppelten Sold der besser ausgerüsteten Elitekrieger nicht einmal eingerechnet. Ihren Leuten schuldeten Bourbon und Frundsberg inzwischen aber mindestens das Fünffache dieser Summe. So drängt sich die Frage auf, was mit diesem Abkommen eigentlich bezweckt wurde – umso mehr, als den deutschen Landsknechten und ihren spanischen Kollegen das Ergebnis der Verhandlungen schon vor deren Abschluss mitgeteilt wurde. Wer immer sich erhofft haben mochte, sie dadurch zu demotivieren und zum Rückzug zu bewegen, seine Rechnung ging nicht auf. Im Gegenteil: Kaum verbreitete sich das Gerücht von einem solchen Abkommen, als Deutsche wie Spanier auch schon ihre Arkebusen luden und Bourbons Lager stürmten. Dieser konnte mit knapper Not in eine Scheune entkommen, wo er sich unter Stroh vor den eigenen Leuten versteckte; sein Diener aber wurde erschlagen, sein Zelt geplündert. Mit einem solchen Trinkgeld, so ließen die Meuterer verlauten, waren sie nicht abzuspeisen. Kurz zuvor hatte Bourbon vom Kaiser die Instruktion erhalten, einen eventuell mit dem Papst abgeschlossenen Vertrag einzuhalten. Doch wurde ihm zugleich die Freiheit eingeräumt, weiter in Richtung Rom zu marschieren, wenn diese Strategie der kaiserlichen Verhandlungsposition förderlich sei. Das war ein stichhaltiges Argument, gewiss. Doch ausschlaggebend war die Haltung der Truppe. Sie ließ ohnehin keine Wahl.

Im Vatikan aber hatte wieder einmal die Stunde der Euphorie geschlagen. Am 25. März kam Lannoy, Karls Generalbevollmächtigter, und segnete den Pakt ab, am 29. ratifizierte ihn der Papst. Mochten die frankreichfreundlichen Ratgeber auch einwenden, das Ganze sei eine Finte, um den Pontifex maximus seinen Alliierten zu entfremden, Clemens VII. kannte in seiner Erleichterung kein Halten mehr. Er stellte alle Kampfhandlungen ein und entließ bis auf zweihundert Infanteristen und hundert Berittene sämtliche Truppen. Im Feldlager vor Bologna aber spitzte sich die Lage dramatisch zu. Wie Frundsbergs Sekretär Adam Reißner als Augenzeuge festhielt, standen die Truppen unmittelbar vor der totalen Rebellion. Ihre Wut sei so groß gewesen, dass sie alle Hauptleute totzuschlagen planten. Um die Katastrophe zu verhindern, berief Frundsberg am 16. März eine Zusammenkunft ein und spielte seine ganze, in Jahrzehnten gewachsene Autorität aus. Er beschwor die Landsknechte, nicht so kurz vor dem Ziel aufzugeben, von der Bedrohung durch die Feinde ganz zu schweigen. Geld, und zwar mehr, als sie sich träumen ließen, stehe in Aussicht. Man müsse es nur noch abholen, und zwar in Rom.

Das magische Wort war damit ausgesprochen. Man konnte es so und so deuten – dass der Papst, über dessen unermessliche Reichtümer die kühnsten Gerüchte im Schwange waren, zahlen werde. Oder dass man selbst zur Tat, d. h. zur Plünderung schreiten werde. Doch selbst diese lockende Parole zündete nicht. Die Landsknechte ließen sich nicht beschwichtigen,

9. *Schon die phantastische, mit Trophäen behängte Gewandung sollte Angst und Schrecken erregen – die Landsknechte des frühen 16. Jh., die dieser Kupferstich zeigt, waren von einheitlicher Uniformierung genauso weit entfernt wie von Disziplin und Ordnung.*

sie schrien „Geld, Geld!" und drangen mit gezückten Spießen gegen ihren Anführer vor. In diesem Augenblick stockte Frundsbergs Rede. Der riesige, mit herkulischen Körperkräften ausgestattete Mann begann zu schwanken und brach zusammen. Einseitige Lähmung und Sprachverlust: Den „Vater der Landsknechte" hatte ein Schlaganfall niedergestreckt. Jetzt herrschte unter den Aufrührern Betretenheit, ja schlechtes Gewissen. Doch die Ergriffenheit hielt nicht an. Kühnere Schlussfolgerungen drängten sich auf. Klaus Seidensticker sprach sie offen aus: Kaiser und Papst machen Frieden und Krieg wie sie wollen; den gemeinen Mann aber schicken sie auf die Fleischbank. Wenn Gott ihn heil heimkehren ließ, sollte dieser Krieg sein letzter gewesen sein. Und um sich gegen den Betrug der Mächtigen zu schützen, würden die ehrlichen Landsknechte die Dinge jetzt selbst in die Hand nehmen. Der Kommandant war vom Schlag getroffen, jetzt hatte die Stunde der Soldaten geschlagen. So war dieser Heerhaufen nur noch in eine Richtung lenkbar: in das sagenhafte Goldland Rom. Gegenteilige Befehle würden nicht mehr befolgt werden – umso weniger, als Frundsberg endgültig ausfiel. Er kam zwar nach viertägiger Bewusstlosigkeit wieder zu sich und konnte mit schleppender Stimme Konrad von Bemelberg zum Stellvertreter ernennen. Danach aber musste er, immer noch teilweise gelähmt, nach Ferrara ins Krankenlager abtransportiert werden.

Wessen Pläne waren jetzt aufgegangen? Überrascht hatte die Reaktion des kaiserlichen Heeres außer dem stets aufs Neue vom Lauf der Ereignisse überrumpelten Papst niemanden. Dass die Söldner sich mit 60 000 Dukaten zufriedengeben und friedlich nach Hause ziehen würden, konnte im Ernst niemand glauben – für die meisten wäre das der Weg in den sicheren Hungertod gewesen. Den Verdacht, dass der Vertrag vom März 1527 das Gegenteil bewirken, nämlich den Marsch nach Rom unumkehrbar machen sollte, nährt ein weiteres Indiz. Warum gewährte man dem Papst jetzt so viel mildere Konditionen, wenn dessen Lage doch sehr viel bedrängter geworden war? Die Annahme der Waffenstillstandsbedingungen hatte für die kaiserliche Seite überdies einen weiteren entscheidenden Vorteil. Sie konnte von jetzt an die Hände in Unschuld waschen, nach dem Muster: Wir haben es nochmals versucht, aber es sollte eben nicht sein. Und genau diese Rolle spielte Bourbon perfekt. Am 29. März teilte er Lannoy und

Clemens VII. lapidar mit, dass er unter diesen Umständen den Zug nach Süden nicht aufzuhalten vermöge – und verlangte im selben Schreiben eine Aufstockung der vom Papst zu zahlenden Summe auf 150 000 Dukaten. War auch das nur eine Finte? Wohl kaum. Alles spricht dafür, dass für Bourbon die Abfindung durch eine annehmbare Soldzahlung eine valable Option blieb.

Für Rom war sie, wie Guicciardini klar erkannte, die einzige noch verbleibende Chance. Der zur Untätigkeit verdammte Generalkommissar der päpstlichen Truppen ließ in seinem Brief vom 29. März 1527 an Deutlichkeit nichts zu wünschen übrig: Papst und Kurie müssten fliehen, sterben oder zahlen. Das sah jetzt auch Clemens VII. ein. Er zahlte die vereinbarten 60 000 Dukaten, mit denen Lannoy sich am 3. April auf den Weg zu Bourbon machte. Dieser war schon vier Tage zuvor nach Süden weitergezogen. Während sich die beiden aufeinander zu bewegten, vereinbarten sie kurzerhand, über den Kopf des Papstes hinweg, dass jetzt nicht mehr das März-Abkommen galt, sondern der von Bourbon geforderte zweieinhalbmal höhere Betrag zu entrichten war, und zwar von Florenz, dem die kaiserliche Armee immer näher rückte. Im Einzelnen lauteten die Konditionen wie folgt: 80 000 von diesen 150 000 Dukaten sofort, worauf der Vormarsch gestoppt würde; die restlichen 70 000 dann gewissermaßen als Wegzehrung für die Söldner Richtung Heimat. Die akut bedrohten Florentiner hatten keine Wahl und brachten die Summe in fieberhafter Eile zusammen; als gute Kaufleute stellten sie das Lösegeld dem Papst als Kredit in Rechnung. Am 13. April war der Geldkonvoi aufbruchbereit. Auf dem Weg zu Bourbon, der bei S. Piero in Bagno lagerte, aber geriet er in einen Hinterhalt ausgeplünderter Bauern. Lannoy und die florentinischen Kommissare konnten ihre kostbare Fracht nur durch eine wilde Flucht über Nebenstrecken in Sicherheit bringen, verloren aber auf diese Weise nicht weniger kostbare Zeit und mussten schließlich feststellen, dass Bourbon bereits weitergezogen und vorerst unauffindbar war. Als sie ihn am 21. April schließlich zwanzig Kilometer südlich, bei Pieve Santo Stefano, trafen, waren die ausgehandelten Konditionen schon nicht mehr aktuell: 240 000 Dukaten, und zwar sofort, lautete jetzt die kategorische Forderung. Sonst werde Florenz geplündert. Lannoy widersprach nicht, ja, er hielt es nicht einmal mehr für nötig, die 80 000 Dukaten an die Söldner zu verteilen. Stattdessen ließ er den Dingen jetzt ihren Lauf.

Als die Nachricht von der abermaligen Erpressung in Rom eintraf, sah selbst Clemens VII. ein, wer die Katze und wer die Maus in diesem Spiel war. Doch diese Erkenntnis kam reichlich spät. Einen kostbaren Monat lang nämlich hatte er sich voll und ganz auf den mit Fieramosca abgeschlossenen Pakt verlassen und auch noch die letzten Truppen entlassen. In Rom breitete sich daher Unruhe aus. Als der Papst am 18. April von der Peterskirche den Gründonnerstags-Segen spendete, kam es zu einem Zwischenfall. Ein nur mit einem Lendenschurz bekleideter Bußprediger namens Brandano kletterte auf eine Säule und verkündete mit Stentorstimme eine bestürzende Weissagung: Rom werde wegen der Sünden des Papstes, dieses verfluchten Bastards und Sodomiten, binnen 14 Tagen zerstört werden, falls dieser nicht seine Verfehlungen bekenne und sich bekehre. Die Erregung war so groß, dass Clemens gegen den selbsternannten Propheten vorerst nichts zu unternehmen wagte. Mit einem Totenkopf in der einen und einem Kruzifix in der anderen setzte dieser an Ostern seine Mission fort: Der Ewigen Stadt werde es wie Sodom und Gomorra ergehen, denn der Papst habe die Madonna beraubt, um seine Hure damit zu schmücken. Was immer das auch bedeuten mochte, der apokalyptische Ton dieser Verkündigungen war unüberhörbar.

Einer der wenigen, die sich von der Panik nicht anstecken ließen, war ausgerechnet Clemens VII. Offenbar gewann jetzt – so Guicciardinis briefliche Fernanalyse – der Geiz die Oberhand über die Angst. Mit 240 000 Dukaten war das Maß des Erträglichen überschritten. Rein finanztechnisch stand außer Frage, dass eine solche Summe in einer Stadt wie Rom zu beschaffen war – zumindest theoretisch. Allein das Vermögen der Kardinäle war ein Vielfaches wert. Zudem hätte Clemens gegen entsprechende Sicherheiten weitaus höhere Kredite von den florentinischen und genuesischen Banken beziehen können, und zwar binnen kürzester Frist. Darüber hinaus ließ sich jederzeit eine weitere Quelle zum Sprudeln bringen. Andere Päpste hatten in geringeren Nöten keine Skrupel gekannt, Kardinalate an solvente Interessenten zu verkaufen. Das hatte Clemens bislang, in auffallendem Unterschied zu seinem Vetter Leo X., empört von sich gewiesen.

Die Reformpartei an der Kurie wusste so viel moralische Integrität an sich zu schätzen, doch fragten auch ihre Anhänger sich jetzt, ob nicht besondere Umstände außergewöhnliche Maßnahmen rechtfertigten. Der Papst allerdings sah sich bislang weder zu dieser noch zu irgendeiner anderen, weniger fragwürdigen Finanzoperation veranlasst. Seine Weigerung zu zahlen hatte zur Folge, dass Bourbon, der weiterhin südlich von Florenz weilte, seine Forderungen auf 300 000 Dukaten steigerte. Sie waren Clemens nicht einmal mehr eine Antwort wert. Als sei in der Zwischenzeit nichts geschehen, meldete er sich bei seinen alten Verbündeten von der Liga mit dem dringenden Ersuchen, endlich militärisch einzugreifen, zurück.

Dieses Anliegen fand Gehör, allerdings anders, als vom Papst erhofft. Am 26. April 1527 zog der ansonsten so tatenlose Herzog von Urbino mit seinen Hauptleuten in Florenz ein. Unmittelbar zuvor hatte dort die Stimmung ihren Siedepunkt erreicht. Die Medici-Päpste hatten das Patriziat ihrer Heimatstadt seit 1513 gründlich vor den Kopf gestoßen. Nicht nur, dass Florenz unter ihrer Herrschaft de facto die Selbständigkeit verlor; die Bevollmächtigten, mittels derer Leo X. und Clemens VII. die stolze Stadt am Arno regierten, gebärdeten sich überdies ebenso arrogant wie autokratisch. Und der Pfründensegen, auf den so viele gehofft hatten, ging nur auf einen ausgesuchten Kreis von Familienmitgliedern und engsten Vertrauten nieder. Florenz, so die bündigste Diagnose, war in den Händen einer kleinen, eigennützigen Clique. Und jetzt sollte man auch noch die Zeche für die verfehlte Politik des Papstes zahlen. Das Maß war voll, rasche Gegenwehr erforderlich. Zu diesem Zweck besetzte eine Gruppe jüngerer Patrizier den Stadtpalast und rief von dort aus zum Sturz der Medici auf. Nicht aus Liebe zu diesen, sondern um in einer extrem gefährlichen Lage einen Umsturz mit unabsehbaren Folgen zu verhindern, vermittelten die drei angesehensten Männer der Stadt, Francesco Guicciardini, sein älterer Bruder Luigi und Francesco Vettori, in letzter Minute einen Ausgleich. Um den offenen Bürgerkrieg bzw. ein Blutbad durch die anrückenden Ligatruppen abzuwenden, einigte man sich darauf, so zu tun, als sei nichts geschehen: keine Revolution, keine Bestrafung der Anführer. Damit war die Lage so weit konsolidiert, dass man zur entschlossenen Verteidigung gegen die äußeren Feinde schreiten konnte. Das erkannte auch Bourbon. Er rief seine in der ländlichen Umgebung von Florenz plündernden Verbände zusammen und zog weiter – Richtung Rom. Dort hatte der siegesgewisse Papst am 25. April den Märzpakt formell annulliert und Bourbon mit der Exkommunikation gedroht, falls er weiter gegen die Ewige Stadt vordringe. Doch diese geistliche Waffe erwies sich als stumpf.

Seine Männer waren inzwischen so ausgehungert, dass sie Rinde von den Bäumen schälten und unreife Mandeln verschlangen. Antreiben musste man sie jetzt nicht mehr. Die Alternative lautete nur noch: Rom oder Tod. Die Römer konnten sich in letzter Minute freikaufen, zu einem Preis, der täglich, wenn nicht stündlich weiter stieg. Zogen sie es hingegen vor zu kämpfen, dann war der Tod auf den Mauern allemal ehrenvoller als tatenlos mit leerem Bauch zu krepieren. Die Seelenlage des Papstes in diesen letzten April- und ersten Maitagen aber war selbst für seine nächste Umgebung unerklärlich heiter. Renzo Orsini wurde jetzt endlich aufgefordert, die zum Schutz der Ewigen Stadt nötigen Verteidigungsmaßnahmen zu ergreifen; auch seine Einschätzung der Lage fiel optimistisch aus. An den massiven Aurelianischen Mauern und den von ihm angeworbenen 4000 Mann würden sich Spanier wie Deutsche schon die barbarischen Schädel einrennen. Diese Zuversicht war offenbar ansteckend. Als Clemens VII. einen feierlichen Aufruf an seine treuen Römer ergehen ließ, reichlich für das Heil des Vaterlandes zu spenden, gab Domenico Massimo, einer der reichsten römischen Adeligen, gerade einmal einhundert Dukaten. Am 3. Mai schließlich rang sich der Papst doch noch dazu durch, sechs rote Hüte gegen gutes Geld zu vergeben. Zu spät: Es fehlte nicht an Käufern, wohl aber an Barem. Die Summe, mit der man das feindliche Heer wahrscheinlich hätte stoppen können, traf nicht mehr rechtzeitig ein.

Trotzdem war Orsini so siegesgewiss, dass er dem Heer der Liga am 4. Mai ausrichten ließ, größere Kontingente würden zum Schutz der Stadt gar nicht benötigt; falls verfügbar, würden ein paar Hundert Bogenschützen als Verstärkung völlig ausreichen. Ebenfalls am 4. Mai wurde Bourbons Aufforderung an Clemens VII., ihm freien Durchmarsch Richtung Neapel und Verpflegung zu gewähren, zurückgewiesen, obwohl die kaiserliche Vorhut am Abend desselben Tages auf Büchsenschussweite an die Aurelianischen Mauern herangerückt war. Aus der Korrespondenz spanischer

Offiziere spricht die Verwunderung, dass sich keinerlei Unterhändler mit neuesten Angeboten meldeten. Erstaunlicher noch: Ein Bote Bourbons, der am 5. Mai 300 000 Dukaten forderte, wurde nicht einmal mehr einer Antwort gewürdigt. War diese Offerte noch ernst gemeint? Glaubwürdige Zeugnisse aus der engsten Umgebung Bourbons lassen eine differenzierte Einschätzung ratsam erscheinen. Dass der Feldherr selbst sein Testament diktierte, muss für sich genommen nicht viel bedeuten; dass er einen ganzen Tag verstreichen ließ, konnte man mit der Erschöpfung der Truppe erklären. Doch dürfte auch die Hoffnung eine Rolle gespielt haben, dass sich der Entscheidungskampf doch noch vermeiden ließ.

Dafür sprechen die im kaiserlichen Lager geführten Strategiediskussionen. Man konnte in Ermangelung von Geschützen die Befestigungen nicht sturmreif schießen, war aber andererseits der auf der Engelsburg postierten Artillerie schutzlos ausgesetzt. Zwar meldeten die Späher, dass die Verteidiger nicht sonderlich zahlreich, geschweige denn kriegstüchtig seien. Doch das musste sich erst noch erweisen. Ganz abgesehen davon, dass jede Schlacht ihre eigene Dynamik entwickelte; falls die ersten Angriffe zurückgeschlagen wurden, konnte für diese jetzt schon erschöpfte Truppe niemand mehr garantieren. Die große Unbekannte aber war das Heer der Liga. Dass es ebenfalls Richtung Rom unterwegs war, stand außer Frage. Doch zu welchem Zweck? Bestand der feindliche Masterplan darin, die Deutschen und Spanier auf Hungermärschen ihre Kräfte vergeuden und die Falle danach zuschnappen zu lassen? Drängende Fragen, ungewisse Antworten. Die Entscheidung wurde dem Kommandanten schließlich abgenommen. Da die Unterhändler ausblieben, war der Sturmangriff am nächsten Morgen beschlossene Sache. In höchster Eile mussten jetzt Leitern fabriziert werden, mit denen man die Mauern überwinden wollte. Bis zum Morgengrauen wurde unablässig gehämmert und gezimmert.

Und der nominelle Herr dieses Heeres, der spanische König und römische Kaiser? Vor vollendete Tatsachen gestellt, wird er später beteuern, die Plünderung der päpstlichen Hauptstadt nicht gewollt zu haben. Dass ein kaiserliches Machtwort allein Bourbons Heer seit Februar 1527 nicht mehr hätte aufhalten können, ist unbezweifelbar – kaiserliches Geld hingegen schon. Und wäre der Wille vorhanden gewesen, diese Summen zu zahlen, so hät-

10. *Speere gegen Mauern – Charles de Bourbon gibt das Zeichen zum Kampf, und die Söldner rüsten sich. Eine Geschichte, die man immer wieder sehen will; noch hundert Jahre später ist der Sacco di Roma Matthäus Merian eine Reihe von Kupferstichen wert.*

ten sie sich auch beschaffen lassen. Auf der anderen Seite konnte niemand ahnen, dass Clemens den Freikauf bis zum Schluss verweigern würde; im Gegenteil, nach den Regeln der politischen Vernunft wäre fest mit der Bereitstellung eines solchen Lösegelds zu rechnen gewesen. Dass die Logik dieses Papstes eine andere war und es daher zum Schlimmsten kommen konnte, dürfte man am Hof Karls V. in Kauf genommen haben. Seiner eigenen Logik folgend, war Clemens VII. auch noch unbesorgt, als er am 5. Mai die Landsknechte vom Vatikan aus zum Gianicolo marschieren sah. Er wollte den Morgen der Entscheidung im Vatikan, für den Sieg betend, verbringen.

Über das, was am 6. Mai 1527 geschah, liegen die unterschiedlichsten Quellen vor: Briefe der Angreifer und ihre späteren Aufzeichnungen, Berichte der Opfer und deren Erinnerungen zum anderen. Ungeachtet aller Gegensätz-lichkeit der Interessen und der Blickrichtung haben sie zweierlei gemeinsam: Bei aller zeitlichen Nähe zu den Ereignissen sind sie doch schon ein Versuch zu deren Auswertung, ja Bewältigung. Und naturgemäß sind sie von starken Emotionen durchpulst. Größere Distanz weisen zum anderen die Texte von Historikern wie Francesco Guicciardini und Vettori auf, die zwar an der Vor-geschichte Anteil hatten, doch nicht selbst Augenzeugen waren. Andererseits sind gerade sie darum bemüht, das Vorgefallene in den Zusammenhang der italienischen und europäischen Geschichte und damit auch in ihre Deutungs-muster einzufügen. Dass bei so widersprüchlichen Parteinahmen, Einstel-lungen und Wertvorstellungen nicht nur sehr unterschiedliche Urteile ge-fällt, sondern auch in vielem unvereinbare Schilderungen der Begebenheiten vorgelegt wurden, kann nicht überraschen. Der nachfolgende Bericht ist als gemeinsame Schnittmenge der gegensätzlichen Zeugnisse erhärtet.

Der längste Tag

Der zwischen 270 und 275 n. Chr. erbaute Aurelianische Mauerring um-schloss eine Fläche, die nur zum kleineren Teil besiedelt war. Vor allem im Osten und im Süden, bei den großen Pilgerkirchen San Giovanni in La-terano, Santa Maria Maggiore und Santa Croce in Gerusalemme bestand Rom aus Weinbergen, Obstgärten, Pinienhainen und Ruinenödland. Das eigentliche Wohngebiet der Ewigen Stadt war im Laufe der nachantiken Jahrhunderte immer näher an den Tiber und damit in Statteile gerückt, die in augusteischer Zeit überwiegend für Tempel und andere Repräsen-tationsbauten Raum boten. Grund dafür war, dass die antiken Wasserlei-tungen allmählich verfielen und seit der Plünderung der Stadt durch den Normannenherzog Robert Guiscard im Jahre 1084 unbenutzbar geworden waren. Mit dem langsamen Übergang der Stadtherrschaft an die Päpste ab dem 6. Jh. hatte zudem die Gegend um den Mons Vaticanus stetig an Bedeutung gewonnen. Schon Kaiser Konstantin hatte über den dort ge-legenen Gräberfeldern die Basilika des Petrus errichten lassen, die mit der Zeit zu einer ebenso riesenhaften wie verwinkelten Kirchenstadt angewach-sen war. 1527 war allerdings deren Kernstück bereits abgerissen – und der

11. *Der Neubau der Peterskirche als Ruine – oder: Hochmut kommt vor dem Stillstand. Was die prächtigste Basilika der Welt werden sollte, endet auch ohne Zutun der Plünderer als Trümmergrundstück.*

Neubau, der sich seit der Grundsteinlegung im Jahre 1506 auf dem geheiligten Boden der alten Basilika erheben sollte, nicht über kahle Kuppelpfeiler und isolierte Stützmauern hinausgediehen. Weiter vorangeschritten waren die neuen Palastanlagen Julius' II. unmittelbar neben der Baustelle, die sich gleichfalls an ein Gewirr älterer päpstlicher Wohngebäude anschlossen. In dieser – nach dem Errichter ihrer Schutzmauern, Papst Leo IV. (846–855), benannten – Leostadt, im Volksmund schlicht der Borgo, hatten sich nach dem definitiven Umzug der Päpste vom Lateran in die vatikanische Residenz auch die ehrgeizigsten, auf diese Weise dem Machtzentrum nahen Kardinäle niedergelassen. So entwickelte sich auch hier das für das römische Stadtbild bezeichnende Nebeneinander riesenhafter Palastanlagen und enger Wohnviertel der kleinen Leute. Am Fluss beherrschte die Engelsburg, das seit einem Jahrtausend zur Festung umgerüstete Mausoleum des Kaisers Hadrian das Stadtviertel und die auf die andere Tiberseite führende Brücke.

Im Vergleich mit dem heutigen Zustand des Borgo stechen vor allem zwei Unterschiede ins Auge: Die dominierende Straßenachse der Via dalla Conciliazione, die vom Hospital Santo Spirito in Sassia zum Petersplatz führt, war genauso wenig vorhanden wie der außerhalb der Mauern die Ausläufer des Gianicolo durchstechende Tunnel nebst Brücke und seine Verlängerung zur Via Gregorio Settimo. Hier boten sich den Augen der kaiserlichen Offiziere Gärten und Weinberge, innerhalb des Borgo labyrinthisch verschlungene Gassen. Auf demselben Tiberufer wie der Borgo, doch von diesem durch unbebautes Terrain getrennt, lag der Stadtteil Trastevere, nach offizieller Zählung der dreizehnte und letzte der römischen *rioni* (von lateinisch *regio*). Im Norden und Westen von den Aurelianischen Mauern geschützt, grenzte er in südlicher und östlicher Richtung an den Fluss, den man über den Ponte Sisto und zwei weitere Brücken überqueren konnte. Auf der gegenüberliegenden Seite des Tiber lagen die übrigen zwölf *rioni* und damit drei Viertel der Ewigen Stadt.

Wo angegriffen werden sollte, war mit dem Marsch des kaiserlichen Heeres zum Gianicolo bereits entschieden worden: an der Westseite des Borgo. Hier richtete sich das Augenmerk vor allem auf den Abschnitt zwischen den Stadttoren der Porta Torrione (heute Cavalleggeri) und der Porta Santo Spirito; an dieser Stelle waren ein gutes halbes Jahr zuvor schon die Truppen der Colonna eingedrungen. Bei den vom päpstlichen Oberkommandierenden angeordneten Mauerinspektionen aber war kein Reparaturbedarf vermerkt worden.

Beim frühesten Morgenlicht begann der Sturm, und zwar mit drei Finten und einer Stoßrichtung. Ablenkungsmanöver befahl Bourbon im Norden, bei der Milvischen Brücke, dem nach Trastevere führenden Stadttor San Pancrazio sowie am Borgo bei der Porta Pertusa. Das Ziel der ersten Attacke aber war das Mauerstück um die Porta Santo Spirito. Mit dem Beginn der Angriffe hatte sich dichter Nebel ausgebreitet; er reduzierte die Sichtweite auf wenige Meter. Das war ein entscheidender Vorteil für die Kaiserlichen: Die Artilleristen auf der Engelsburg konnten Freund und Feind nicht unterscheiden und waren daher zur Untätigkeit verdammt; auf den Mauern aber standen nur kleinere Feldschlangen und Arkebusen. Trotzdem wurden die beiden ersten Angriffswellen zurückgeschlagen. Die

Verteidiger mussten ja nur die Behelfsleitern, die von den deutschen und spanischen Söldnern an die Mauern gelehnt wurden, umstoßen. Solange diese nicht erstiegen waren, konnten die Waffen der Landsknechte – langer Spieß, kurzes und großes Schwert – kaum Wirkung entfalten; auf der anderen Seite waren Arkebusenschüsse im Nebel riskant und richteten unter den eigenen Leuten ebenso viel Schaden an wie unter den Feinden. Seltsamerweise fühlte sich just in diesem entscheidenden Moment eine Abordnung des römischen Stadtadels bemüßigt, Friedensverhandlungen einzuleiten. Orsini konnte sie nur nach erregten Debatten daran hindern, sich das Stadttor öffnen zu lassen. Doch die drei Abgesandten aus dem römischen Stadtadel gaben nicht auf. Und sie erhielten im päpstlichen Hauptquartier, wo die engsten Berater Clemens' VII. zwischen Hoffen und Bangen schwankten, sogar einen offiziellen Auftrag. Ausführen aber ließ er sich nicht mehr, denn die Ereignisse hatten zwischenzeitlich eine entscheidende Wendung genommen.

Die ersten Rückschläge hatte Bourbon mehr als alles andere gefürchtet. So konnte es nicht weitergehen, anderenfalls würde die Moral seiner Männer untergraben. Und so führte er selbst den nächsten Sturm an vorderster Stelle an. An der Mauer angekommen, traf ihn eine der wenigen abgefeuerten Kugeln; sie durchschlug die Hüfte und verletzte innere Organe. Bourbon wusste, dass es um ihn geschehen war, doch er behielt seine Geistesgegenwart. Er befahl, seinen Körper zuzudecken; die Römer sollten nicht sehen, dass der feindliche General todwund war. Danach versank er in Agonie, aus der ihn der Tod nach wenigen Stunden erlöste.

Doch es kam anders, die Nachricht von seinem Sturz verbreitete sich wie ein Lauffeuer, allerdings mit unerwarteten Folgen. Die Verteidiger nämlich glaubten, die Schlacht gewonnen zu haben, und stimmten Siegesgesänge an; im Vatikan dankte der Papst für die himmlische Errettung. Doch die Angreifer wurden durch den Verlust ihres Kommandanten nicht entmutigt, sondern zum Äußersten getrieben. Ein allgemein anerkannter Anführer war nicht mehr verfügbar; der junge Philibert de Chalon, Prinz von Oranien, trat zwar formell an Bourbons Stelle, doch die Autorität des Moribunden konnte er nicht geltend machen. Jetzt trat ein, was Klaus Seidensticker im Lager vor Bologna vorhergesagt hatte: Die Landsknechte

12. *Wie hat er sich verwandelt! Tödlich
getroffen stürzt Bourbon vom Befesti-
gungsturm; im Fall, den sein Hochmut
verursacht hat, ist sein Gesicht zur Teu-
felsfratze des Ketzers geworden. Parteiisch, wie er ist, nimmt es Dirk van
Coonherts mit der historischen Wahrheit auch sonst nicht allzu genau – der
Borgo brennt bereits, obwohl die Angreifer die Mauern noch gar nicht gestürmt haben.*

und ihre spanischen Kollegen nahmen die Sache selbst in die Hand, und
zwar auf ihre Weise. Die deutschen Verbände stürmten wütender als zuvor gegen die Mauern von Santo Spirito, wo nach dem Fall Bourbons viel
weniger Verteidiger standen. Die Spanier aber hatten etwas weiter oben
eine verblüffende Entdeckung gemacht. Unweit der Porta Torrione hatte ein Handwerker seine Werkstatt in die Mauer hineingebaut, und zwar
mit einem Fenster, das nur notdürftig mit Brettern vernagelt war. Der erste

1527.

Spanier, der hindurchkletterte, traute seinen Augen nicht. Er stieg durch einen Keller, gelangte über die Treppe in die gepflegten Palastgärten des Kardinals Cesi – und war im Borgo.

Um dieselbe Zeit, gegen halb acht Uhr morgens, als immer mehr Spanier durch die inzwischen verbreiterte Bresche eindrangen, hatten die Landsknechte unter Klaus Seidensticker die Mauerkrone bei Santo Spirito erstiegen. Siegern wie Verlierern prägte sich das Bild dieses Hauptmanns unauslöschlich ein: wie er die letzten Verteidiger mit seinem großen Schlacht-schwert von der Kuppe fegte und die Geschütze umdrehte, gegen den Bor-go und den Papst. Unaufhaltsam strömten die Angreifer jetzt hinein. Auf erbitterten Widerstand trafen sie nur noch da, wo die Schweizergarde kämpfte; die Eidgenossen hatte Julius II. 1506 als Leibwache berufen. Am 6. Mai 1527 standen 189 Gardisten im Dienst. 42 von ihnen waren bei Cle-mens VII., den seine Umgebung zur Flucht drängte. Die übrigen postierten sich bei der Peterskirche, wo sie bis zum letzten Mann kämpften und fielen. So aber konnte sich der selbst jetzt noch zögerliche Papst zusammen mit Kardinälen und Prälaten über den Fluchtkorridor auf der Mauer in die En-gelsburg retten. Dasselbe Refugium versuchten immer mehr verzweifelte Bewohner des Borgo zu erreichen. Denn die entfesselten Söldner kannten kein Pardon; selbst die Kranken des Hospitals Santo Spirito, darunter Kin-der und Greise, wurden niedergemetzelt. Aber auch von der anderen Ti-berseite strömten Flüchtlinge zur Festung; die meisten Kardinäle schafften es rechtzeitig, einer von ihnen wurde noch in einem Korb per Flaschenzug emporgehievt, dann rasselte das Eisengitter herab und die Tore schlossen sich. Bis gegen zehn Uhr waren die Sieger damit beschäftigt, den letzten Widerstand zu ersticken. Ein Vierzehntel der Ewigen Stadt war erobert. Wie sollte es weitergehen?

Darüber beratschlagten um dieselbe Zeit auch die Römer. Sie rief die Sturmglocke des Kapitols zu einer außerordentlichen Sitzung des Stadtrats zusammen. Er war das wichtigste Organ der Stadtgemeinde, die auf die-sem altehrwürdigen Hügel ihren Sitz hatte. Im 14. Jahrhundert schwang sie sich zeitweise zur Herrschaft über Rom auf. Doch diese großen Zeiten waren lange vorbei. Die Macht lag jetzt beim Papst und seinen Behörden; die städtischen Gremien führten fast nur noch deren Anweisungen aus. Speziell der Wunsch nach neuen Steuern war für den Stadtrat de facto ein Befehl. Jetzt aber hatten auf einmal andere im Vatikan das Sagen.

Das zeigte sich sofort. Renzo Orsini stieß mit seinem Dringlichkeits-antrag, sofort alle waffenfähigen Männer zur Verteidigung der noch nicht eroberten Stadt zusammenzuziehen, auf keine Gegenliebe. Erst einmal sol-le man doch erörtern, wie es zur Einnahme des Borgo überhaupt kommen konnte. Damit war die Schuldfrage gestellt – und Orsini zum Sündenbock gemacht. Dieser machte geltend, dass der Augenblick für solche Debatten nicht der günstigste sei – vergeblich. Die Tiberbrücken abreißen? Und wer sollte sie hinterher wieder aufbauen – und mit wessen Geld? Orsini traute seinen Ohren nicht. Offenbar hatte sich der Ernst der Lage nicht herumgesprochen. Die meisten Römer waren davon überzeugt, dass es nicht sie, sondern allenfalls die anderen treffen würde. Stadtadel und gehobener Mittelstand setzten auf ihre nützlichen Netzwerke, die sie doch wohl vor dem Schlimmsten bewahren sollten. Alle diejenigen, die sich guter Beziehungen zum Kaiser rühmten, galten als sichere Beschützer. Und einen Cousin oder Paten, der selbst oder durch Freunde, Tanten oder Onkel mit einem Haushofmeister oder Kutscher der Colonna bzw. einer Familie aus deren Anhang bekannt war, hatte jeder. Die Frage, ob mit dem Umsturz der Machtverhältnisse nicht auch die Grundpfeiler der sozialen Ordnung zum Einsturz gebracht würden, stellte sich niemand. Vom Kapitol war also keine Initiative zu erwarten. In der Zwischenzeit hatte Clemens VII. von der sicheren Engelsburg aus einen letzten Versuch unternommen, das Allerschlimmste abzuwenden. Er ließ beim Prinzen von Oranien die Bedingungen für einen Waffenstillstand sondieren. Diese liefen, wie nicht anders zu erwarten, auf eine quasi bedingungslose Kapitulation hinaus; so sollte der Papst Trastevere abtreten, von wo aus das übrige Stadtgebiet unschwer zu erreichen war. Ob dadurch eine halbwegs reguläre Übergabe der Stadt ohne Gewaltorgien und Plünderung herbeizuführen gewesen wäre, muss offenbleiben. Einen Versuch wert war es allemal. Denn militärischer Widerstand war inzwischen, wie sich bald zeigen sollte, sinnlos. Clemens aber wies die Vorschläge zurück.

So begann am frühen Nachmittag der Angriff gegen Trastevere. Eine Erstürmung wie am Morgen war hier gar nicht mehr nötig. Sowohl bei der Porta Settimiana in der Nähe des Tibers wie bei der Porta San Pancrazio auf dem Gianicolo drangen Deutsche und Spanier nach kurzen Gefechten ins Stadtgebiet ein. Auch an den Brücken, wo die Verteidiger teilweise todesmutig kämpften, war gegen 17 Uhr alles zu Ende; letzte Kontingente des römischen Stadtadels warfen sich den Eroberern noch in Höhe der Cancelleria am heutigen Corso Vittorio Emanuele II. entgegen und wurden niedergemacht. Rom war jetzt eine offene Stadt.

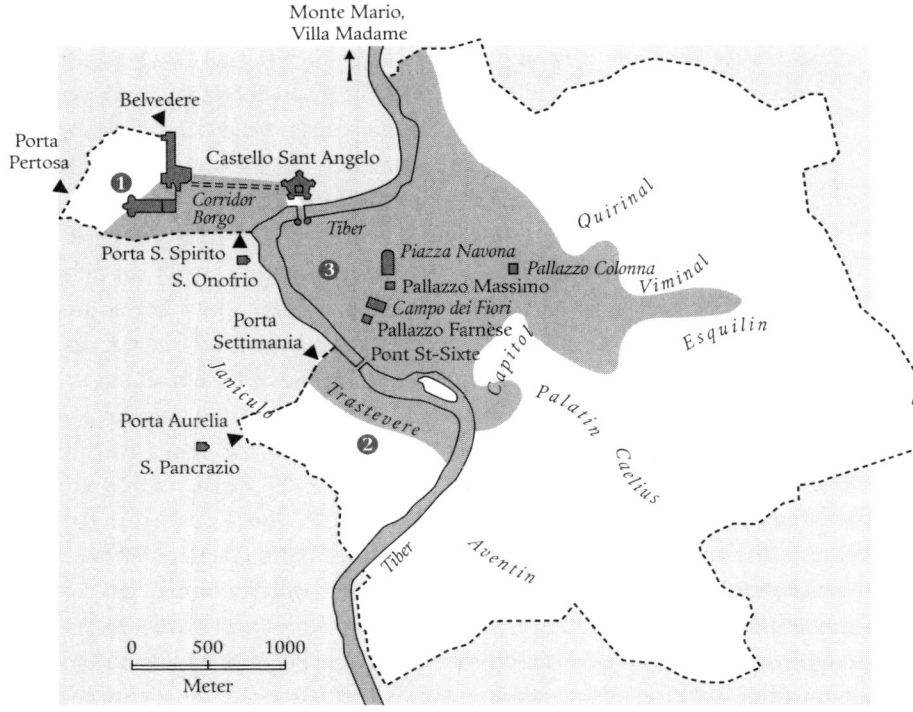

13. *So rückten die Angreifer vor – die Karte zeigt die Abfolge der Stadteroberung und damit zugleich die Versäumnisse der Verteidiger.*

Und gewann doch noch eine letzte Atempause. Denn die provisorische Führung der Sieger fürchtete das Ligaheer. Wo genau es sich befand, wusste niemand, doch weit konnte es nicht sein. Höchste Vorsicht war also angebracht. Und so stemmten sich die Hauptleute – die letzten, die noch über Autorität verfügten – dem immer lauter erschallenden Ruf nach Plünderung entgegen. Mit äußerster Anstrengung gelang es ihnen, ihre Männer zusammenzuhalten: die Landsknechte auf dem Campo dei Fiori, die Spanier auf der Piazza Navona, die italienischen Kontingente bei der Engelsbrücke. Dort sollten sie unter ihrem Führer Ferrante Gonzaga den Papst unter Kontrolle halten. Ferrantes Mutter, Isabella d'Este Gonzaga, Markgräfin von Mantua, hielt sich ein paar Hundert Meter entfernt, bei ihren Verwandten, den Colonna, in deren Palast bei Santi Apostoli auf. Dort fühlte sie sich in Sicherheit. Mitglieder der Familie Gonzaga waren auf kaiserlicher wie päpstlicher Seite reichlich vertreten; die Mutter Bourbons entstammte demselben Geschlecht. Die italienischen Eliten von Venedig bis Neapel waren durch so viele Bande der Verwandtschaft und der nützlichen Freundschaft vernetzt. Man war exklusiv und kannte sich. So konnte doch eigentlich nichts passieren. Oder? Für alle Fälle hatte Ferrante seiner Mutter versprochen, so schnell wie möglich nach dem Rechten zu sehen. Doch in Anbetracht seiner Wachpflichten unter dem Fenster des Papstes musste dieser Besuch einstweilen verschoben werden. Sorgen machte sich weiterhin auch der Kommandostab um den Prinzen von Oranien, und zwar keineswegs unbegründete. Gegen 21 Uhr erschien ein Vorauskommando des Ligaheeres mit fünfhundert Reitern und achthundert Schützen vor den Mauern. Doch sein Kommandant Guido Rangone wagte den großen Coup, sich mit einem so kleinen Aufgebot auf die ermatteten Sieger zu stürzen, nicht. Die Vorhut kam, sah und zog sich zurück.

Die längste Nacht

Inzwischen hatte sich die Dunkelheit über die Ewige Stadt gesenkt. Dann lang anhaltende Trommelwirbel. Sie waren das Zeichen, dass jetzt die Stunde der Söldner schlug. Sechs Monate extremer Strapazen lagen hinter ihnen. Und jetzt gehörte ihnen die reichste Stadt der Welt. Sie mussten nur noch zugreifen. Das Signal zur Plünderung markierte zugleich die Abdankung der Führung. Befehle wurden von jetzt an nicht mehr befolgt. Die Urangst der Mächtigen war Wirklichkeit geworden: Der gemeine Mann hatte die Herrschaft ergriffen. Doch er herrschte nicht im Zeichen von Gleichheit und Brüderlichkeit, sondern über eine rechtlose Masse von 50 000 Römern.

Rasch wurde die Schwärze der Nacht jetzt von den wandernden Lichtpunkten der Fackeln gesprenkelt, die Totenstille wich den Schreien der Gepeinigten und dem Röhren von Feuersbrünsten. Spätestens an diesem Punkt löste sich für die Römer die Geschichte in Geschichten des Schreckens auf. Für ihre Feinde aber war ein Märchen angebrochen: Schlaraffenland auf Söldner-Art. In ihrer Nacht der Nächte leitete die neuen Herren kein Plan, sondern der reine Instinkt. Gruppenweise durchzogen sie die Straßen auf der Suche nach Beute. Ihre ersten Ziele waren die Paläste der Reichen. In ihnen musste das sagenhafte Gold dieses Eldorados zu finden sein. Kardinäle, Adelige und Großkaufleute hatten in den letzten Tagen oder Stunden noch so viele Bewaffnete wie möglich angeworben, die dann auf den Mauern fehlten. Doch nach der Eroberung der Stadt hatten die meisten dieser Leibwächter das Weite gesucht. Im Nachhinein war ihre Desertion ein Vorteil. Denn wo Widerstand geleistet wurde, blieb niemand am Leben – diese Regel hatten die Sieger vom Schlachtfeld in die Plünderungszone übertragen. Und sie wurde eisern eingehalten. Doch auch, wer auf jede Gegenwehr verzichtete, war seines Lebens nicht sicher. Eine missverstandene Handbewegung, ein falsch gedeuteter Schritt konnte tödliche Folgen haben. Am glimpflichsten kam davon, wer zufällig so viel Geld im Hause hat, wie die Eindringlinge erwarteten. Klaffte zwischen ihrer Schätzung und dem Inhalt der Truhen aber eine auffällige Differenz, wurde erbarmungslos gefoltert – wo war der Schatz versteckt? Der Verdacht war keineswegs unbegründet. Als sich die Schlinge um die Ewige Stadt zuzuziehen begann, setzte ein Run auf Schaufeln und Spaten ein; wer auch nur ein kleines Stück Garten sein Eigen nannte, vergrub dort seine Preziosen. Zum Hunger nach Gold kam die sexuelle Gewalt – Schreckensberichte von Massenvergewaltigungen in Nonnenklöstern und anderswo machten die Runde.

Böse Überraschungen erlebten auch diejenigen, die sich durch gute Dienste für den Kaiser geschützt glaubten. Schutzbriefe waren das Papier nicht wert, auf dem sie standen; Gunst und Protektion waren in dieser Stunde Null fast ganz erloschen. Nur sehr wenige durften sich einigermaßen sicher fühlen. Doch ungeschoren kamen auch diese Privilegierten nicht davon. Die Probe aufs Exempel im Palazzo Colonna: Hier gaben sich nicht die Fußtruppen, sondern höher gestellte Herren die Klinke in die Hand. Beruhigend für Isabella d'Este: Der Erste, der anklopfte, war Alessandro Gonzaga aus der Nebenlinie des Geschlechts von Nuvolara; der Zweite hieß Alfonso de Córdoba, auch er ein Mann von Adel und vom sterbenden Bourbon damit beauftragt, die Marchesa zu schützen. Adel verpflichtet – oder? Beide Herren gebärdeten sich eigentümlich distanziert. Und die Maske der formellen Höflichkeit fiel schnell. Die Marchesa – schön und gut, hier stand man im Wort. Doch die vielen anderen, die in den Gemächern des Palastes Zuflucht gefunden hatten, mussten zahlen wie die anderen auch. Immerhin wurde der Preis in zivileren Formen ausgehandelt als sonst. Niedriger aber war er deswegen nicht. Als Ferrante Gonzaga endlich bei seiner Mutter eintraf, störte er nur. Erst nach dem feierlichen Schwur, sich in die Lösegeldverhandlungen nicht einzumischen, konnte er seine Mutter in die Arme schließen.

So viel Glück hatten andere prominente Parteigänger Karls V. nicht. Die Paläste der Kardinäle della Valle und Enckevoirt etwa wurden ausgeplündert wie alle anderen vornehmen Behausungen auch. Und nicht nur politisches und soziales Kapital, in Jahrzehnten angesammelt, zählte in dieser neuen Ordnung nicht mehr. Auch der Wert des Geldes hatte sich radikal relativiert. Ja, es erschien fraglich, ob sein Besitz jetzt Vor- oder Nachteil war. Nicht, dass die Plünderer später die Häuser von Handwerkern und Ladenbesitzern ausgelassen hätten. Auch wer wenig hatte, musste geben, es gab in der neuen Hierarchie von Söldnern und Römern keine Solidarität der Kleinen. Doch waren die Großen natürlich die bevorzugten und das heißt: die gefährdetsten Opfer. Bei ihnen konnte man nie sicher sein, wirklich alles erpresst zu haben. Mit ihnen ließen sich schon in der ersten Nacht der Raserei Geschäfte machen. Und was für welche!

Hundert Dukaten hatte Domenico Massimo, ebenso legendär als Krösus wie als Geizhals, in der Stunde der Not für die Verteidigung Roms gespendet. Diese Knauserigkeit kam ihn teuer zu stehen. Sein Sohn Giuliano war einer der tapfersten Kämpfer der ersten Stunde gewesen. Auf dem Petersplatz schwer verwundet, wurde er von einem spanischen Priester auf einen Karren geladen und zum Familienpalast unweit der Cancelleria gebracht. Doch ein barmherziger Samariter war dieser Kleriker nicht. Sein Angebot: 500 Dukaten bar auf die Hand, und der Sohn gehörte seinem Vater. Dieser glaubte, sich verhört zu haben – das war ja ein Vermögen! Doch der Verkäufer blieb hart, und Alternativen gab es nicht. Der erboste Aristokrat besorgte sich das Geld, doch bevor er zahlte, wollte er sehen, was er dafür bekam. Die zähen Verhandlungen aber hatten für den Verletzten zu lange gedauert; als ihn sein Vater in Augenschein nahm, war er tot. Damit setzten die Verhandlungen heftiger denn je wieder ein: 500 Dukaten für einen Toten, nie und nimmer! Der Wert der Ware war gesunken. Was der Anbieter denn mit einer Leiche anfangen wolle? Dann werfe er sie eben in den Tiber, einfach so – aus Spaß und Rache zugleich. Am Ende einigte man sich auf 300 Dukaten. Kaum hatten diese den Besitzer gewechselt, kam ein spanischer Kapitän mit dem nächsten Sohn namens Luca vorbei. Dieser war nur leicht verwundet, sein plötzliches Ableben stand nicht zu befürchten. Sein Vater konnte bar bezahlen: Topp, der Handel galt. Massimos ebenso betrübte wie wütende Bilanz: einen Toten teurer erworben als einen Lebenden, was für ein übles Geschäft!

So erzählten sich die Römer schon tags drauf diese makabre, aber auch tröstliche Geschichte. Im Kern wahr, wurde sie moralisch ausgeschmückt: Das Teuerste verliert, wer sich an irdische Besitztümer klammert. Das war auch an den folgenden Tagen nicht ratsam. Alle Hoffnungen, dass die Schrecken wenigstens bald ein Ende haben würden, schwanden rasch. Das Hauptheer der Liga war viel weiter entfernt, als Bourbon vermutet hatte; es lagerte in Perugia, und sein Feldherr machte keinerlei Anstalten, dem Papst zur Hilfe zu eilen. Am 22. Mai schließlich rückte Della Rovere, wie gewohnt von seinen Hauptleuten bedrängt, zwar bis auf einen Tagesmarsch an die Ewige Stadt heran, doch zu mehr war er nicht zu bewegen. Rache war süß, vor allem, wenn sie nach so vielen Jahren genossen werden durfte – so malt sich Luigi Guicciardini die Gefühle in der Brust des absichtlich tatenlosen Feldherrn aus. Der Triumph muss umso größer gewesen sein, als der Papst am 16. Mai auch noch Florenz verlor. Dort gewannen die Anhänger des 1498 verbrannten Endzeit-Propheten Savonarola erneut die Oberhand und errichteten ein republikanisches Regime, das Christus zum König ausrief und durch sein Vorgehen gegen die alte Elite Gottes Willen auszuführen glaubte.

Am Ziel ihrer Wünsche fühlten sich auch die Söldner. Nach der ersten Nacht der Raserei gingen sie planvoller vor, und zwar nach Herrenrecht: als Herren Roms und wie große Herren zugleich. Karl V. hatte es mit Franz I. vorgemacht: Gefangene erpresste man nach Strich und Faden, das galt in der Schlacht genauso wie in der Plünderung. Wer nach Vermögen aussah, musste sich freikaufen. Oft war das erste Lösegeld nur des Schrecklichen

Anfang. Um zu wissen, wo wie viel zu holen war, holten die Plünderer Erkundigungen, vorzugsweise im Haus nebenan ein. Diese Steuerschätzung führte naturgemäß zu völlig unrealistischen Taxierungen, nach dem Prinzip: Erkläre deinen Nachbarn für reich und dich selbst für arm! Die unvermeidliche Folge war, dass sich die wohlhabenderen Römer mehr als einmal freikaufen mussten. Dabei konnten sie noch von Glück sagen, wenn sie ihre Lösegelder an dieselben Erpresser entrichteten; so unersättlich diese auch waren, irgendwann mussten sie einsehen, dass hier nichts mehr zu holen war. Viel schlimmer war die Lage, wenn die Herrschafts- oder besser: Ausbeutungsverhältnisse gewechselt hatten und neue Blutsauger an die Stelle der alten getreten waren. Dann ging alles von vorne los. Am erträglichsten wurde es demgemäß, wenn sich längerfristige Protektionsbeziehungen herstellen ließen. Bei aller Instabilität und Unvorhersehbarkeit dieser Erpressungsökonomie stellte sich nach etwa zwei Wochen in der eroberten Stadt doch zumindest in den groben Umrissen eine neue klienteläre Ordnung ein. Wohl dem, der so flexibel war, sich mit den einflussreicheren unter den neuen Herren zu vernetzen.

Diese hatten unmittelbar nach der ersten Plünderung einen achtköpfigen Soldatenrat gewählt, und zwar paritätisch vier Deutsche und vier Spanier. Die Macht dieses Gremiums aber blieb beschränkt; hinter ihm stand das Misstrauen der einfachen Söldner, das sich nicht zuletzt gegen die eigene Führung richtete. Wiederum hatte sich Klaus Seidenstickers Ankündigung bewahrheitet: Der gemeine Mann nahm die Dinge jetzt selbst in die Hand. Seidensticker und seinesgleichen sollten es bald selbst zu spüren bekommen; auch den Hauptleuten wurde kein Vertrauen mehr geschenkt. Von militärischer Disziplin konnte so keine Rede sein. Selbst als übergeordnete Schlichtungsstelle vermochte der Achterrat nicht zu fungieren. Streit aber gab es jetzt immer öfter. Denn natürlich war die Beute ungleich ausgefallen. Die einen hatten das große Los, die anderen Nieten gezogen. Erfolgreiche Plünderer sollen bis zu 40 000 Dukaten erbeutet haben: ein Kardinals-Vermögen. Andere mussten sich im Vergleich dazu mit einem Taschengeld begnügen. Die Söldner-Gesellschaft gestaltete sich alles andere als klassenlos. Ja, die Ungleichheit des Gewinns erzeugte Zwietracht unter den Siegern – die Verlierer sahen es mit ängstlicher Befriedigung. Sie schlug sich in blutigen Einzelkämpfen und schließlich in regelrechten Straßenschlachten zwischen Deutschen und Spaniern nieder.

Zum Zerwürfnis trug ferner bei, dass beide Nationen unterschiedliche Vorstellungen darüber hatten, wie man mit dem Papst, den Kardinälen und Rom insgesamt verfahren sollte. Die Deutschen sparten nicht mit ungewöhnlichen Ideen: Am besten wäre es, die Ewige Stadt als ganze meistbietend zu verkaufen bzw., kam kein adäquates Angebot, zu verbrennen. Und was sie von Clemens VII. hielten, hatten sie ihm vor der Engelsburg vorgeführt. Dort nämlich hatten die Landsknechte in einem parodistischen „Konklave" Martin Luther zum Papst gewählt. „Lutheraner" müssen diese selbst ernannten Söldner-Kardinäle deswegen nicht gewesen sein. Sie als solche zu bezeichnen, ist schon deshalb gewagt, weil dieser Begriff in dieser sozialen Schicht kaum zu definieren ist. Ohne Frage bestand die Masse des Fußvolks aus Analphabeten und war so wie die überwältigende Mehrheit der damaligen Bevölkerung für theologische Aussagen unerreichbar. Das schloss nicht aus, dass sie mit einer bestimmten Form proreformatorischer Propaganda Bekanntschaft gemacht hatten; schließlich zirkulierten in diesen Jahren zu Hunderttausenden Holzschnitte, auf denen Papst und Kardinäle gehängt, die Kultformen der alten Kirche als Teufelswerk entlarvt und darüber hinaus alle nur denkbaren Akte der Profanierung drastisch genug vor Augen geführt wurden. Ja, es hat sogar den Anschein, als ob solche Szenen der Entweihung und Entwürdigung jetzt auf der römischen Bühne regelrecht nachgespielt wurden. Doch auf eine solche Nachahmung zu schließen, ist nicht minder riskant. Die Schöpfer der Bestseller-Flugblätter kannten die Mentalität und damit die Erwartungen des Volkes sehr genau. In ihrer eigenen Sprache ausgedrückt: Sie schauten ihm aufs Maul und zeigten ihm in Bildern, wovon es schon immer träumte – den Karneval als dauerhafte Ordnung. Die „katholischen" Colonna und ihre Anhänger hatten es im September 1526 vorgemacht. Um die Peterskirche zu plündern und die Autorität Clemens' VII. rituell zu delegitimieren, reichte es völlig aus, diesen als Feind und sich selbst als Wiederhersteller der gottgewollten Kirche anzusehen.

Je länger sie andauerte, desto unbehaglicher, ja bedrohlicher wurde die neue Ordnung auch für die Herren. Schatten senkten sich über das Schlaraffenland. An sich war im Juni Erntezeit. Auf ihrem Hungermarsch aber hatten die Söldner die Felder zertrampelt und die Bewohner vertrieben. Kein Wunder also, dass dieses Jahr das Getreide ausblieb. Um Ersatz zu beschaffen, bedurfte es einer planvollen Verwaltung, die der auf Ausbeutung der Besitzenden allein gegründete Söldnerstaat nicht zu leisten vermochte. Noch viel weniger war er in der Lage, die ebenso unerwarteten wie unerwünschten Folgen des Umsturzes zu bewältigen. Auf die Nachricht, dass alle überkommene Herrschaft gestürzt worden sei, waren nämlich Tausende mittelloser Landbewohner und mit ihnen mancherlei lichtscheue Gestalten in die Ewige Stadt geströmt; wo die Söldner das Gold und die Brokatgewänder genommen hatten, raubten sie Pfannen und Töpfe. Jedem sein Sacco: Mit so viel Duldsamkeit hatte es ein Ende, als in der Sommerhitze Brot knapp wurde und Ansteckung umging. Im Stile vornehmer Herren verabschiedeten sich Deutsche und Spanier in die Sommerfrische der Albaner Berge. Nach ihrer Rückkehr im September machten sie nochmals reiche Beute – viele Römer hatten in der Zwischenzeit ihre vergrabenen Schätze hervorgeholt. Doch die Freude währte diesmal nur kurz. Die Inflation war nicht mehr aufzuhalten, vor allem Brot wurde nahezu unerschwinglich. Das Schlaraffenland wurde zum Alptraum, Hunger und Krankheit griffen um sich. Die Ökonomie der Plünderung zeigte ihre Schattenseiten. Dementsprechend wuchs die Bereitschaft, die alten Autoritäten zumindest partiell wieder in Kraft zu setzen. Sicher durften sich Kommandanten und Hauptleute dennoch nicht fühlen; so schnell gaben die einfachen Söldner die ganze Macht nicht her.

Ihr Misstrauen bekam vor allem der Papst zu spüren. Schon an 5. Juni 1527 hatte Clemens VII. die Engelsburg an eine spanische Besatzung übergeben müssen. Der zu diesem Zweck aufgesetzte Vertrag war eine vollständige Kapitulation, ja eine faktische Abdankung. Neben der Abtretung von Festungen und Städten musste der Gefangene die Zahlung von 400 000 Dukaten, davon ein Viertel sofort, versprechen und zehn vornehme Geiseln stellen. Dieser harrte ein hartes Schicksal; den Launen der Sieger ausgeliefert, wurden sie mehrfach mit dem Tod bedroht. Der Papst musste sich die geforderte Summe mit Wucherdarlehen zusammenbetteln und ganze Provinzen verpfänden. Der schon zuvor locker verfügte Kirchenstaat war so in voller Auflösung begriffen. Karl V. seinerseits hatte keine Eile, diesem Zustand ein Ende zu bereiten. Umso mehr fühlten sich andere Fürsten bemüßigt, aus der misslichen Lage des Papstes Kapital zu schlagen: Der Kaiser, der den Statthalter Christi auf Erden seiner gottgewollten Freiheit beraubte, wurde in den Pamphleten quasi von selbst zum Tyrannen und finsteren Nachfolger heidnischer Christenverfolger. Speziell Franz I., selbst dem Kerker Karls V. eben erst entronnen, schlug kräftig in diese Kerbe. Ähnliche Anklagetöne wurden in England angestimmt, wo Heinrich VIII. seinerseits ein sehr unmittelbares Interesse daran hatte, sich den Papst gewogen zu machen. Ihm ging es um die Auflösung seiner kinderlosen Ehe mit Katharina von Aragón, der Tante Karls V., um danach Anne Boleyn heiraten zu können – Verwicklungen, die in den nachfolgenden Jahren zur Ablösung Englands vom Heiligen Stuhl und damit zur zweiten Katastrophe des zweiten Medici-Pontifikats führen sollten.

Vor diesem Hintergrund wurde die Gefangenschaft Clemens' VII. in der Engelsburg für Karl V. zur politischen Hypothek. Zuvor waren in der Umgebung des Kaisers Pläne erörtert worden, die durch den Sacco geschaffenen Machtverhältnisse zu einer durchgreifenden Reform der Kirche, auch gegen den Willen des Papstes, zu nutzen; selbst eine Verlegung der Kurie in den spanischen Machtbereich wurde in Denkschriften erwogen. Doch das waren Machtphantasien, die den nüchternen Realitäten nicht standhielten. Realistisch erschien allein, die in Italien gewonnene Vormachtstellung einschließlich einer Kontrolle über das Papsttum auf Dauer zu festigen. Darüber wurde bis Ende November 1527 mit Clemens VII. verhandelt. Am Ende musste dieser einem Vertrag zustimmen, der ihn als Gegenleistung für seine Freilassung zur Neutralität, zur Einberufung eines Konzils und zu weiteren hohen Geldzahlungen verpflichtete. Da diese trotz neuer Kardinalatsverkäufe erst einmal ausblieben, terroririsierten die Söldner die Geiseln mit Scheinhinrichtungen. Die Stimmung war so erregt, dass der Papst mit Zustimmung der kaiserlichen Kommandanten die Engelsburg in der Nacht vom 6. auf den 7. Dezember 1527 heimlich als Haushofmeister verkleidet verließ und schleunigst nach Orvieto weiterflüchtete. Am 17. Februar 1528 zogen auch die Besatzer, die Rom mehr als zehn Monate beherrscht hatten, endlich ab; ihre Zahl war durch Krankheit und Desertion auf die

14. *Auf dem Weg zu seiner Krönung zum Kaiser in Bologna am 24. Februar 1530 reitet Karl V. neben Clemens VII. Imperium und Sacerdotium, die höchste weltliche und kirchliche Gewalt, präsentieren sich harmonisch vereint – als habe es nie einen Sacco di Roma gegeben.*

Hälfte reduziert. Militärisch betrachtet, war es für ihren Auszug höchste Zeit. Franz I. hatte, dem Vertrag von Madrid zuwider, die Rückeroberung Neapels in die Wege geleitet; sein Feldherr Lautrec errang auf dem Marsch nach Süden große Erfolge. Dementsprechend fühlten sich an der Kurie die Kreise im Aufwind, die ein erneutes Bündnis mit Frankreich ins Auge fassten. Und auch der unermüdliche Bußprediger Brandano trat in Orvieto wieder in Aktion. Bis 1530 müsse das Elend fortdauern, dann werde Sultan Süleiman Kaiser, Papst und Könige gefangen nehmen, zum Christentum übertreten und die Kirche erneuern.

Doch sein Glück blieb Karl V. treu; der sichere Sieg der Franzosen im Süden ging verloren, ihr Heer wie sein Kommandant erlagen der Pest. Ja, Brandano hätte mit seinen Prophezeiungen nicht falscher liegen können: Süleiman nahm 1529 Wien nicht ein, Clemens VII. setzte Karl V. am 24. Februar 1530 in Bologna die Kaiserkrone aufs Haupt, ein halbes Jahr später stürzte ein kaiserliches Heer die letzte Republik von Florenz und begründete damit die fürstliche Herrschaft der Medici. Und die Reform der Kirche blieb erst einmal aus.

III. Bilder einer Plünderung

Die Verkörperung des Bösen. Der Sacco der Römer

Kronzeuge der Opfer ist Marcello Alberini. Er verlor durch die Folgen des Sacco seinen Vater und seine Geschwister. Wie die meisten derjenigen, die die Schrecken der Plünderung am eigenen Leibe erfuhren, schrieb er mit zeitlichem Abstand zu den Ereignissen. Sein „Buch der Erinnerungen und Ausgaben" entstand 1548, 21 Jahre nach dem Sacco. Wie der Titel anzeigt, waren es die Aufzeichnungen eines Kaufmanns. Die Alberini führten seit Generationen ein Gefängnis. Im Rom des 16. Jahrhunderts war das kein ungewöhnliches Gewerbe; bestimmten Familien, darunter auch vornehmen wie den Savelli, waren per Privileg Aufsicht und Verwaltung bestimmter Kerker übertragen. Reich wurden die Alberini dadurch zwar nicht, doch waren sie wie der gehobene Mittelstand allgemein gut vernetzt; engere Beziehungen unterhielten sie zu den Altieri, einer Zierde des römischen Stadtadels, und durch deren Vermittlung in noch höhere Kreise. Aufgehoben in der Protektion der Einflussreichen und Mächtigen, führte diese relativ schmale Mittelschicht ein durch Protektion, Verschriftlichung und Verrechtlichung abgesichertes Dasein. In der Mitte zwischen Volk und Vornehmen, hatte sie kulturell an beiden Seiten Anteil. Alberini genoss, wie seine Niederschrift belegt, ein Minimum humanistischer Bildung; antike Vergleiche flossen ihm reichlich aus der Feder, wenn auch manchmal etwas mühsam. Mit der Rhetorik der Humanisten fanden auch deren Werte in seine Aufzeichnungen Eingang: Das Aufschreiben der Geschichte verfolgt den Zweck, die Menschen zur Tugend anzuspornen. Ja, wenn die Vergangenheit nur besser bewahrt würde, geschähen weniger Grausamkeiten und Ka-

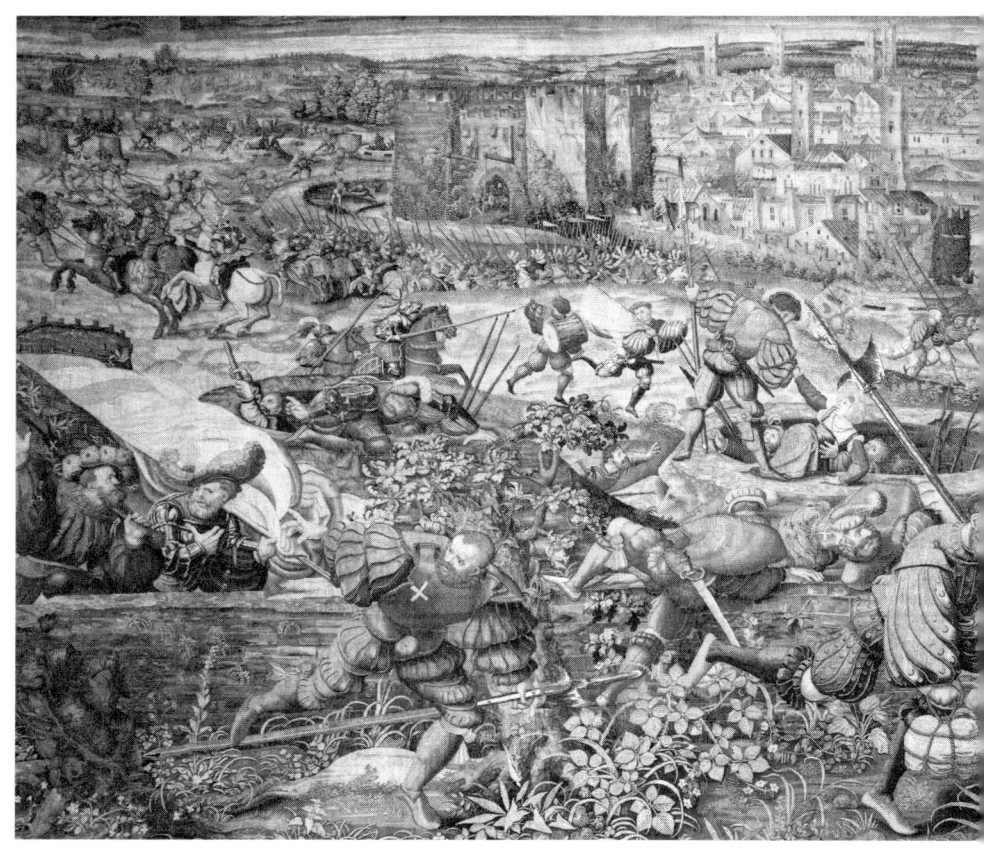

15. *Von den Mauern Pavias zu den Mauern Roms – oder: Wie alles begann. Für Karl V. zeigte sich im Sieg über Franz I. von Frankreich der göttliche Zeigefinger genauso wie im Sacco di Roma. Diesen habe niemand – und er erst recht nicht – gewollt, außer Gott, der das pflichtvergessene Papsttum zu dessen Rettung heilsam strafte. Den Sacco konnte der Kaiser weder malen noch weben lassen, wohl aber den Sieg von Pavia; so spricht manches dafür, dass der Gobelin unterschwellig auch an die Eroberung und Plünderung der Ewigen Stadt gemahnen soll.*

tastrophen – müssten die Übeltäter doch mit dem Schandmal der ewigen innerweltlichen Verdammung leben und sterben. Der Sacco di Roma, durch mehr Geschichtsschreibung verhinderbar?

Für die Scham der Schande – so die Einschränkung – sind nur Menschen empfänglich, die diesen Namen auch verdienen. Barbaren wie die deutschen und spanischen Söldner, die in den geordneten Kosmos Roms und der Alberini einbrechen, aber sind eher Bestien als Menschen, ohne Mitleid und Ehre. Humanität gibt es allein in Italien, doch auch die Ehre Italiens ist befleckt. Aufrechterhalten wird sie anno 1548 allein von Venedig. Rom jedenfalls verkörpert sie nicht mehr. Als Gründe dafür werden genannt: Unglück, der Geiz der Römer und die Schlechtigkeit der Fürsten. Die Welt insgesamt ist böse geworden. Die Deutschen und Spanier, die die Schandtaten des Sacco begehen, sind schlimmer als Hunnen und Türken; eine Plünderung wie die ihre hat weder Rom noch die Welt jemals gesehen.

Der Weg der Geschichte zeigt nach unten. Auf diesem Abstieg ist jede gerechte Regierung verloren gegangen. Gute Herrschaft wäre einvernehmlich, liebevoll, dankbar – so, wie ein Vater seine Familie führt. Die dem Namen nach christlichen Könige aber verdienen diese Bezeichnung nicht. Sie wollen immer mehr Geld, Macht und Krieg; zu dessen Führung plagen sie ihre Untertanen mit neuen Steuern. Gute Macht ist ruhige Macht, die sich mit dem begnügt, was sie hat. Neuerung aber ist des Teufels.

Der selbstgenügsame Familienvater, das politische Ideal des Volkes schlechthin, ist ausgestorben, mit einer Ausnahme: Franz I. Dieser ist gütig und ritterlich zugleich. Mit diesen Eigenschaften ist er der Gegenpol zu Karl V., der sich Kaiser nennt, aber nicht Kaiser ist. Als solcher müsste er die Kirche schützen und die Christenheit einen, anstatt sie zu plagen und zu plündern. Er ist also Usurpator und Nachäffer der höchsten weltlichen Würde; als solcher gewinnt er geradezu die Züge eines politischen Antichristen. Damit hat das Böse schlechthin ein Gesicht bekommen. Die Plünderer sind hassenswert genug, doch kann ihre Zerstörungswut, ihre Lust zu foltern und ihre alles zermalmende Habgier die Katastrophe allein nicht erklären. Hier ist etwas Größeres, Unheimlicheres am Werke, das Karl V. allein verkörpert. Angetrieben wird es von *sfrenata avaritia*, von der Gier nach immer mehr Macht und Genuss. Ob groß oder klein, wenn der Mensch nicht durch soziale Hierarchien und politische Ordnungen eingebunden wird, verfällt er dem unstillbaren Trieb der Expansion. So will Karl über allen stehen, alle beherrschen, alles für sich. Habgier macht zugleich geizig – wer alles hat, gibt nichts mehr ab. Die Parallelen zur Anthropologie Machiavellis stechen ins Auge. Auch für den radikalen Florentiner Staatsdenker ist der Mensch vor der Entstehung des Staates vom ungehemmten Ausdehnungsinstinkt beherrscht. Die Kunst der Politik aber besteht darin, diesen für sich selbst und die anderen zerstörerischen Drang so einzubinden, dass er dem Staat zugute kommt. Durch diese Verwandlung des Wolfs unter Wölfen in den todesmutigen Bürgersoldaten ist Rom zur Weltherrschaft aufgestiegen. Sosehr auch er das Schwinden der altrömischen *virtus*, der Tatkraft gepaart mit Willensstärke, bedauert, Alberini setzt auf das umgekehrte Rezept: Milde Regierung, gepaart mit Bildung, vermag die rohen Triebe des Menschen zurückzudrängen. Dazu aber müssten die Herrscher mit gutem Beispiel vorangehen. Stattdessen peitschen sie die Leidenschaften der Kleinen durch ihre unstillbare Gier auf; was daraus wird, haben die Römer am eigenen Leib erfahren. Ebenso Franz I., Schaf unter Wölfen. Dass ein Guter unter lauter Bösen in Gefangenschaft endet, belegt dieselbe fatale Gesetzmäßigkeit: Das Böse beherrscht die Welt.

Personalisierung, Schwarz-Weiß-Zeichnung, Pessimismus im Großen: Alle diese Formen der Wahrnehmungen hat Alberini mit den kleinen Leuten seiner Zeit gemeinsam. Und auch die Ansicht, dass das destruktive Prinzip von außen kommt, ist volkstümliche Gemeinüberzeugung. Für die Italiener ist es von jeher aus dem Norden, aus den unwirtlichen Regionen der endlosen Wälder mit ihren trunk- und plünderungssüchtigen Tiermenschen in die lieblichen Gefilde südlich der Alpen eingebrochen. Der Sacco di Roma erneuert so eine historische Urerfahrung und versieht sie mit zusätzlichen Deutungselementen. Dabei gewinnt vor allem das Bild der Außenwelt, die das Unheil erzeugt, an Tiefenschärfe. An die Stelle des Barbaren an und für sich treten Nationen, und zwar mit ihren unverwechselbaren Abstufungen und Abmischungen der Destruktivität. So schreckenerregend sich diese Geburtsgemeinschaften der rohen Triebwesen auch ausnahmen, durch ihre genauere Beobachtung lassen sich doch Techniken gewinnen, um ihrer Herr zu werden. So betrachtet, hat der Sacco bei allem Übel auch ein Gutes. Diese aus dem Erlebnis des Ordnungsverlusts abgeleiteten Regeln aber lauten: Der Spanier ist am gefährlichsten, weil er von abgrundtiefer Hinterlist ist und von der puren Lust am Quälen angetrieben wird. Die deutschen Landsknechte sind beim ersten Aufeinandertreffen mit den Römern zerstörerischer, da am triebhaftesten und durch Sprache, die Errungenschaft des Menschlichen schlechthin, am wenigsten lenkbar. Tumb, wie sie sind, erweisen sie sich zugleich als weniger tückisch; zur perfiden Raffinesse, die Kunst der Tortur um ihrer selbst willen zu üben, sind sie aufgrund ihrer Ungeschlachtheit unfähig.

Zum Pessimismus im Großen gesellt sich die Virtuosität des Überlebens im Alltag, ja ein gewisser Optimismus im Kleinen – auch das ein Merkmal volkstümlicher Weltsicht. Und Marcello Alberini hatte reichlich Gelegenheit, die Früchte seiner empirischen Söldnerkunde zur Anwendung zu bringen. Er wurde trotz Lösegeldzahlung entführt, verschleppt, erneut erpresst, hingehalten, bedroht – und entkam am Ende doch all diesen Schrecknissen. Für einen Sechzehnjährigen war der Sacco di Roma somit eine eigene Schule der Welt und des Lebens. Sie hat ihn nicht nur gelehrt, alle Illusionen über die Mächtigen und ihre Ziele aufzugeben. Ähnlich wie Klaus Seidensticker zog auch Alberini den Schluss, dass man die Gestaltung des Lebens nicht den Großen überlassen darf, sondern in die eigenen Hände nehmen muss. Was bleibt einem auch anderes übrig, wenn der eigene Vater, die Familie Altieri, die Colonna und selbst der Papst – um die Autoritäten und ihr Versagen in aufsteigender Linie zu nennen – dem Bösen nicht wehren können?

Die Grunderfahrung der Sacco-Opfer ist der Verlust allen Vertrauens in die bergenden Qualitäten dieser Welt. Am Anfang und Ende ihrer Weltsicht steht jetzt das Misstrauen. Und damit eine vorher so nicht gekannte Fähigkeit zur Demaskierung. Der Schein hat seinen Einzug in die Deutung des Lebens gehalten. Nach der Plünderung ist nichts mehr so wie vorher, oder genauer: wie es vorher zu sein schien. Wenn Karl V. nur dem Schein nach der wahre Kaiser ist, wer ist dann Clemens VII.? Sein eigenes Bild des Medici-Papstes entwirft Alberini in einem regelrechten historischen Diskurs. Darin zeigt er sich über historische Einzelheiten bestens informiert. So zielstrebig als Kardinal, so wankelmütig als Papst – auch die chronische Entscheidungsunfähigkeit Clemens' VII. wird kühl diagnostiziert. Für die fatalen Resultate dieser Politik werden auch – ganz im Stile volkstümlicher Machtmissbrauch-Erklärung – schlechte Ratgeber haftbar gemacht. Dazu trägt weiter der krasse Eigennutz des römischen Adels bei, der nur an sich denkt. Erschwerend kommt das unpatriotische Verhalten der viel zu zahlreichen Ausländer in der viel zu kosmopolitischen Ewigen Stadt hinzu. Weitere Faktoren des Unheils sind das Ränkespiel Moncadas, das Intrigantentum der Colonna, der Verrat des Ligafeldherrn. Und natürlich fehlt es auch an Vorzeichen des Himmels nicht, die vor dem nahenden Verhängnis warnen.

Dahinter aber steht Gott – gegen eine Interpretation des Sacco als Spiel des bloßen Zufalls legt Alberini empört Verwahrung ein. Diese tiefste Bedeutung lässt er sich nicht nehmen. Was von Gott kommt, ist gut; gut aber kann das Böse nur sein, wenn es als verdiente Strafe geschickt wird, und zwar mit der Aussicht auf Besserung. Wer aber wird hier zu recht gezüchtigt? Der Zeigefinger richtet sich auf Clemens VII. Was kann man von einem simonistischen Pontifex maximus auch anderes erwarten? Das hatte schon Brandano gefragt. Doch so offen wie dieser spricht Alberini den Vorwurf nicht aus. Er verfügt über subtilere Stilmittel.

Von der Engelsburg aus konnte dieser große Hirte der Kirche unser Elend beweinen, so wie einst Nero Verse Homers über dem brennenden Rom rezitierte. (Marcello Alberini, S. 21)

Das ist bittere Ironie. Mögen auch andere hochgeborene Römer den Zorn des Höchsten mannigfach erregt haben – an Kandidaten dafür fehlt es wahrlich nicht –, die eigentliche Strafe trifft seinen Stellvertreter, der so pflichtvergessen auf Erden amtierte. Und mit ihm die Kleriker insgesamt. Dass sie, die Gott gnädig stimmen sollen, sich in die Händel der Welt einmischen, ist eine fatale Verkehrung von Beruf und Zuständigkeit. Nicht zum Menschen-Beherrschen, sondern zum Gott-Dienen bestimmt, richten sie in der Politik nur Unheil an. Ein wütender Antiklerikalismus durchzieht die Erinnerungen des Gefängnis-Kaufmanns. Er ist nicht mit Sympathie für die Reformation zu verwechseln, sondern Teil des umfassenden Misstrauens gegenüber den Mächtigen. Sie alle haben ihr Amt und ihren Auftrag veruntreut.

Durch das Urteil über die Großen werden die Kleinen freigesprochen. Auch das ist volkstümliche Weltsicht. Dass sie durch die Bestrafung der Mächtigen in Mitleidenschaft gezogen werden, erschwert deren Schuld. Doch insgesamt trifft der Sacco die Richtigen. Die Reichen und Hochmütigen haben viel schwerer zu leiden als die Armen, die mangels Vermögensmasse weniger oder gar nicht behelligt werden, ja manchmal geradezu den Spieß umkehren und beim Plündern einfach mitmachen; sich auf die neue Ordnung einstellen können sie, den Fährnissen des Lebens seit jeher ausgesetzt, allemal besser als die eben noch so Mächtigen. Die Erkenntnis, wie brüchig die Fassaden der Moral und Gerechtigkeit sind, macht wachsam. Und die Geborgenheit im Kleinen, die nach dem Abzug der Söldner Schritt für Schritt zurückkehrt, ist umso kostbarer, weil sie nicht mehr selbstverständlich ist wie zuvor, sondern durch eigene Anstrengung wiederhergestellt wird. Konkret hieß das, dass Alberini junior die Verfügung über sein Gefängnis zurückerlangen musste; diese nämlich war ihm von neidischen Rivalen durch Ausnutzung der Unordnung streitig gemacht worden. Am Ende hatte er durch die Fürsprache seiner Protektoren Erfolg. Provisorisch war die Welt wieder im Lot.

Kronzeuge Alberini: Seine Sicht der Ursachen und der Schuld fällt im Einzelnen individuell, im Großen aber verallgemeinerbar aus. Je höher Stand und Bildung, desto differenzierter werden Diagnosen und Bilanzen derjenigen, die Eroberung und Plünderung erleben; die Parameter der Deutung und die Methoden der Bewältigung bleiben dessen ungeachtet dieselben. Glimpflicher als Alberini kam der Franzose Césaire Grolier davon, doch spiegeln auch seine nach Abzug der Plünderer 1528 verfassten Aufzeichnungen im Kern dieselben Erfahrungen des Schreckens und der Angst. Und auch seine Diagnose fällt übereinstimmend aus: Das Böse verkörpert sich im Kaiser und in den beiden barbarischen Nationen, die ihm zu Willen sind. Ursprung des Bösen im Bericht des Giovanni Leonardo Santoro, der kurz nach der Eroberung in die Ewige Stadt kam, ist die lutherische Ketzerei, gegen die es die wahre Kirche zu schützen gilt. Das aber versäumt deren Haupt, der Papst. Ja, von fatalem Geiz getrieben, verschließt er die Augen vor den Zeichen des Himmels. Kritik an Clemens VII. bei gleichzeitigem Festhalten an der Heiligkeit der Kirche – diese Kombination verweist auf die Sacco-Deutung der kurialen Reformpartei. Doch davon abgesehen, ist Santoros Bericht ganz von den Eindrücken der Geplünderten diktiert: Wildheit der Deutschen, Grausamkeit der Spanier, Eigennutz der Mächtigen.

Wie sehr das Trauma der Plünderung die Wahrnehmung von Eliten und Volk einander annähert, ja kulturelle Unterschiede einebnet und Mentalitäten verklammert, zeigt der Text über Vorgeschichte, Ablauf und Folgen des Sacco, der unter dem Namen Jacopo Buonapartes, eines Edelmanns aus San Miniato, veröffentlicht wurde, doch auf eine Reihe von Augenzeugenberichten zurückgehen dürfte. Wortwahl und Analysen weisen die Verfasser als Angehörige der Oberschicht auf. Ihre emotionalen Bedürfnisse aber sind dieselben wie die Alberinis. Auch sie sind bestrebt, dem Bösen ein Gesicht sowie der Plünderung einen Sinn zu geben und damit den Willen Gottes zu bestimmen. Die Verkörperung allen Übels ist hier der Herzog von Bourbon, ein wahrer Teufel in Menschengestalt, Verräter, „Lutheraner" und mit finsterem militärischem Genius überreichlich ausgestattet. Gott hat ihn genauso wie die Bestie Frundsberg von der Kette gelassen, um zu strafen. Doch wen und warum? Seiner Züchtigung fallen erst einmal die Instrumente der Zerstörung selbst anheim, Frundsberg durch seinen Schlaganfall, Bourbon durch den Schuss an der Mauer. Dass sich Gott als Geißeln des wortbrüchigen Prinzen von Geblüt sowie der rohsten aller Barbaren, der perfiden Iberer und blindwütigen Germanen, bedient, liegt in der Logik des göttlichen Handelns. Und wieder dieselben Nationalstereotype: Glück im Unglück hatten diejenigen, die unter die erpresserische Schutzherrschaft der Landsknechte fielen – bei aller Rohheit und Wildheit respektierten sie doch das gegebene Wort und nicht selten auch den Adel der Geburt.

Doch so beruhigend die göttliche Nemesis, die die Sieger zu Verlierern macht, für die Opfer auch ist – die Frage der Fragen ist noch nicht beantwortet: Wozu die himmlische Operation Sacco? Wo genau steht Gott, was will er bezwecken? Die Lutheraner, die seinen Willen auszuführen behaupten, sind nur das Werkzeug und als solches weggeworfen, ja verworfen. Instrument in den Händen eines Höheren ist ebenfalls der stolze Kaiser – auch ihm gebührt der Sieg also nicht. Wer aber wird erhöht, wer erniedrigt? Gott schlug nicht die Kirche, sondern deren unwürdiges Personal – diese Sicht ist unter den Opfern konsensfähig. Der „Buonaparte-Rapport" vermeidet direkte Schuldzuweisungen und schiebt vieles auf schlechte Ratgeber. Im Zentrum des Unheils aber steht mit Clemens VII. ein Herrscher, der an Kläglichkeit seinesgleichen sucht: Im Glück überheblich, lässt er sich auf das große Spiel der Täuschungen ein, dem er doch nicht gewachsen ist; im Unglück aber klagt, zagt und hadert er mit dem Schicksal, zögert und geizt mit allen Ressourcen. Unter dem Strich steht auch hier eine Psychopathologie der Macht. Und eine Delegitimierung des Papstes.

Opfer oder Täter – entweder oder? Einer zumindest war beides zugleich. Ambrosius von Gumppenberg, aus bayerischem Adel gebürtig, war 1525 als mittelloser Mittzwanziger nach Rom gegangen, um dort sein Glück zu machen. Und zwar mit einer klaren Erkenntnis: In Rom war man so viel wert wie die Dienste, die man hohen Herren erwies. Durch deren

Die Verkörperung des Bösen. Der Sacco der Römer

87

Förderung konnte man emporkommen, um darauf von anderen, Jüngeren, Leistungen als Äquivalent für die eigene Protektion einzufordern.

> *Ich pin bei allen meinen Gedanken dahin gestanden, wie ich doch thun mechte, dass es meinem Herren gefiele, dass ich in meins Herrn Gnade komen und darin bleiben mechte, dan zu Rom komen treue fleißige Diener bei ihren Herren hinfurt, es sein die Welschen wie pes (= böse) bueben sie wollen, so gefält ihnen ein feiner, frumer treuer ehrlich Diener wol; sie suchen Wege und Mittel ihm aufzuhelfen; darumb ist dass die ursache, das da jederman gen Rom lauffet, und sunder wass wie geschickte ingenia sein, das ein armer geselle so bald zu einem grossen Prällat, Bistum, Cardinalat und gar zum Papat komen mege, als kein grosser Herr nit.* (Gumppenberg, S. 186)

Seine Geschäfte als Prokurator einflussreicher Persönlichkeiten führten Gumppenberg durch halb Europa und ausgerechnet im April 1527 an den Tiber zurück. Wie konnte er nur? Hielt er sich als Deutscher, zudem mit Frundsberg verwandt, für geschützt? Oder dachte er schon an die Rolle, die er in der Katastrophe der Stadt tatsächlich spielen sollte?

Am Anfang war der abenteuerlustige Augenzeuge unter den Gejagten: Eben noch neugieriger Zaungast bei der Erstürmung der Tiberbrücken, rannte er danach wie alle anderen um sein Leben. Dann aber schlug seine Stunde. Bei den Verhandlungen mit dem Papst in der Engelsburg wie in vielen Alltagssituationen gab es elementare Verständigungsprobleme. Die Landsknechte sprachen kein Latein, Papst und Kardinäle kein Deutsch. Wendige Männer wie Gumppenberg waren da gefragt. Und so erlebte er große Politik als Dolmetscher der Mächtigen. Ohne ihn waren sie sprachlos, das machte ihn stolz. Bei allem Schrecken, der auch ihm in die Glieder fahren konnte, schreibt er mit selbstgerechtem Behagen. Seine Perspektive ist damit umrissen: Pochen auf Insiderwissen, Sarkasmus und das Fehlen jeglicher moralischer oder theologischer Ausdeutung. Häme und Spott richten sich gegen alle Seiten. Die Italiener sind geborene Betrüger, die Hauptleute der Söldner lächerliche Parvenüs. Als Herren der Ewigen Stadt legen sie ein grotesk gespreiztes Gehabe an den Tag: Bauern, die Edelmänner sein wollen, dabei tumb, durch Schmeichelei lenkbar und vor allem komisch. Der Sacco als Komödie der Eitelkeit und mittendrin: Gumppenberg, der allen nützt, von allen nimmt und alle durchschaut. Selbst der verängstigte Papst habe ihn kurz vor der Erstürmung der Stadt noch um Rat gefragt. Seine Antwort: Eure Heiligkeit müssen zahlen, und zwar so viel Sie haben. Der Sacco als Schule des Lebens, ja als Schelmenroman. Der Sacco macht gleich, ja, er kehrt unten nach oben, oben nach unten. Wann hat man schon die Gelegenheit, den Papst und die Kardinäle flehen und weinen zu sehen? Tragik löst sich in Augenzwinkern auf. Roms Tragödie: ein Fest fürs Leben. Außer Frage steht auch für Gumppenberg, dass Gott allein einen so ungeheuerlichen Umsturz bewirkt haben kann. Doch wohin die Hand des Höchsten zeigt, bleibt mehr als vage. So muss der Einzelne den Sinn für sich selbst suchen.

Ich war ein junger beherzter gesölle, von ain 25 Jaren alt, arm, hett nit viel übriges, und wer gern reich worden ... (Gumppenberg, S. 184)

Dem jungen Manne konnte geholfen werden. Schon bald war Gumppenberg reich mit Pfründen eingedeckt. Als Gewinner hatte er für die Verlierer nur Verachtung übrig, darüber hinaus Abneigung gegen die Italiener, Hass gegen die Spanier, Häme für die Deutschen. Aus dieser Perspektive ohne Mitleid, mit lauter Bösen bzw. Feigen und einem einzigen Klugen, tritt die ganze Brutalität des Raubens und Mordens am krassesten hervor. Der Sacco in seiner Hardcore-Fassung. Und Gumppenberg über alles.

Ins Herz des Bösen. Der Sacco der Söldner

Die Täter haben drei Quellentypen hinterlassen. Zum einen haben Hauptleute des kaiserlichen Heeres ihre Version des Sacco dargeboten, sei es in der Form eigener schriftlicher Auslassungen, sei es als mündliche Mitteilung, die von anderer Hand aufgezeichnet wurde. Am häufigsten und deutlichsten aber haben die Eroberer zum anderen ihre Sicht der Ereignisse in lebenden Bildern ausgedrückt: in Spott-, Schand- und Profanierungs-Zeremonien auf den Straßen Roms. Drittens schließlich haben sie ihre Kurzkommentare an römischen Wänden hinterlassen. Erhalten geblieben sind sie dann, wenn sie in Fresken berühmter Maler geritzt wurden.

Kronzeuge des ersten Typs ist Sebastian Schertlin, seines Zeichens Ritter zu Burtenbach, Hohenburg und Bissingen, von Beruf Söldner. Sein Metier hat er – wie sein Vorbild Frundsberg – von der Pike auf, ohne Standesprivilegien gelernt. Seine Aufzeichnungen decken fast sechzig Jahre ab. Schertlin wurde 1496 geboren und starb 1577, fast 82 Jahre alt, für diese Zeit und diesen Beruf ein Methusalem. Von solchen Langzeit-Überlebenden des Sacco gab es nicht viele. Bourbon fiel im Kampf, Georg von Frundsberg erlag im August 1528 den Folgen der Apoplexie, sein Sohn Melchior ging ihm voraus; im selben Jahr starben auch Lannoy und Moncada. Doch nicht nur auf der obersten Kommandoebene, auch unter den Hauptleuten hielt der Tod reiche Ernte: Klaus Seidensticker, Michael Hartmann und so viele andere kehrten nicht heim. Schertlin aber blühte und gedieh. War es ein Wunder, dass er sich für erwählt hielt? Der späte Rückblick des alten Haudegens auf seine wilden Anfänge atmet tiefe Zufriedenheit, ja Selbstgerechtigkeit. Vorrangig notiert er – logische Priorität des Berufssoldaten – seine Feldzüge und den Gewinn, den sie ihm einbrachten. Ansonsten werden nur noch Auszeichnungen und ganz besondere Erlebnisse der Niederschrift für wert befunden. Niederlagen wie der Rückzug vor Marseille 1524 werden durch phantasievolle Zahlenverhältnisse erklärt: Selber gerade einmal 12 000 Mann, konnten die Truppen Bourbons gegen die 100 000 Bewaffneten Franz' I. beim besten Willen nicht mehr ausrichten. Danach gehörte Schertlin zur Besatzung Pavias, die von den „hunderttausend" Franzosen belagert wurde. Diesmal aber ging es anders aus.

> *Und haben ihn aus den Gnaden Gottes nach harten Kämpfen geschlagen, ab zehntausend Personen in der Tessin ertränkt, mehrteils Schweizer, die schändlich geflohen sind; aber die Knechte, die sich tapfer gewehrt haben, wurden erstochen.* (Sebastian Schertlin, S. 9)

Gott kennt Gnade, der Landsknecht nicht. Wohl aber Ehre. Feige enden im Fluss, Tapfere unter dem Messer. Beim Sieger aber kommen Glücksgefühle auf.

Also bin ich mit Freuden um Pfingsten heimkommen; hab 1500
Gulden mit mir gebracht und bin von dem Vice-Re aus Neapolis zu
Pavia vor dem Schloß das erste Mal zum Ritter geschlagen worden.
(Sebastian Schertlin, S. 9)

Im selben lakonischen Stil wird danach vermerkt, dass unter Schertlins Führung im Bauernkrieg 9000 Aufständische erschlagen und kurz darauf 200
in einer Kirche verbrannt wurden. Die Bilanzen des Söldners bestehen aus
Opfern und Einkommen – auf der Habenseite; in der Sollspalte werden eigene Verwundungen und Krankheiten eingetragen, die seinen Marktwert
vorübergehend einschränken. Und gelernt wird auch: Geschlagene Feinde
muss man gründlich töten. Ein Schweizer, den Schertlin erschlagen zu haben meinte, stach ihn unversehens in den Fuß. Wohlhabenderen Gefangenen aber kann man Lösegeld abpressen, das gilt selbst im Bauernkrieg.

Im Herbst 1526 brach Schertlin dann mit Georg von Frundsberg nach
Italien auf. Der Bericht über die Ereignisse der Jahre 1527 und 1528 ist nur
unwesentlich ausführlicher, die Bilanz dagegen fällt entschieden aus dem
Rahmen: Bei seiner Rückkehr nach Deutschland am 8. Mai 1529 zählte
Schertlin 15 000 Gulden Gewinn, kostbare Kleinode und Kleider nicht mit-
gerechnet; dabei hatte er ein Jahr zuvor in Neapel 5000 Gulden in einer einzigen Stunde verspielt. Gott, so das zufriedene Fazit, hat seinen Soldaten
und den Feldzug insgesamt gesegnet. Noch selbstzufriedener der Schlusssatz
unter das Kapitel Italien: Alle diese Reichtümer sind wohl verdient! Wenn
das alles ehrlicher Lohn ist, dann ist auch das Töten gerecht gesprochen.

Den 6. Tag im Mai haben wir Rom mit dem Sturm gewunnen, ob
6000 Mann darin zutot geschlagen und die ganze Stadt geplündert;
haben in allen Kirchen und ob der Erd genommen, was wir gefunden,
einen guten Teil der Stadt abgebrannt und seltsam hausgehalten,
auch alle Copisterien Register Briefe und Cortisanei zerrissen und
zerschlagen. (Sebastian Schertlin, S. 13)

Schertlin, ein Verächter des Kausalsatzes, reiht Faktum an Faktum. Die Ereignisse entwickeln sich unter seiner Feder mit einer dumpfen Notwen-

digkeit. Warum über die Plünderung hinaus große Teile des päpstlichen Archivs zerstört und ganze Häuserblocks verbrannt wurden: kein Kommentar. Es war so – es musste also so sein. Den Sinn hinter dieser Fatalität aber bietet Gott; seine Hand zeigt sich in Sieg oder Niederlage. Ein einziges Mal wird zudem die Größe der kaiserlichen Majestät als Rechtfertigung genannt; offenbar steht sie in unmittelbarem Verhältnis zum Willen Gottes. Und das genügt. Es reicht als Bericht, aber auch für ein gutes Gewissen. Dass Außergewöhnliches getan und erlebt wurde, blitzt nur ganz kurz auf. „Seltsam hausgehalten" – das bedeutet: Die Welt ist auf den Kopf gestellt, unten ist oben. Und oben ist ganz weit unten. Das illustriert in Schertlins minimalistischem Stil die anschließende, für seine Verhältnisse geradezu ausufernd geschilderte Begebenheit. Als einer der acht Soldatenräte gehörte er zur Delegation, die im Juni 1527 die Kapitulation Clemens' VII. in der Engelsburg entgegennahm.

> *Allda haben wir den Papst Clemens samt zwölf Kardinälen in einem engen Saal gefunden; den haben wir gefangen und er musste die Articul, so ihm der Sekretarius vorlas, unterschreiben. Es war ein großer Jammer unter ihnen und sie weinten sehr; wurden wir alle reich.* (Sebastian Schertlin, S. 13)

Des einen Leid, des anderen Freud. Der Sachverhalt ist so selbstverständlich, dass das eigentlich erklärende Faktum – die Zahlung des Papstes – ausgespart werden kann. Die Welt ist so beschaffen, dass man nur auf Kosten der anderen glücklich werden kann. Und nochmals: Gott belohnt den Sieger. Warum den Verlierer die Strafe und der Schaden zugleich treffen, wird keiner Erörterung für wert befunden, wie überhaupt über Verwicklungen und Verstrickungen, Verantwortung oder Schuld kein Wort verloren wird. Andererseits bricht sich auch kein Hass Bahn. Der Beruf des Söldners heißt töten. Ob geflohene Bauern, Römer oder Franzosen: Emotionen kommen dabei nicht auf. Höchstens einmal ein Hauch von Respekt, wenn sich die Feinde wie Giovanni de' Medici am Poübergang tapferer schlagen als erwartet; Pardon aber wird trotzdem nicht gegeben. Diese Welt steht im Gesetz des Tötens oder Getötetwerdens. Beides wird ohne Bedauern verrichtet bzw. hingenommen. Und wenn die Welt mitleidlos ist, muss es der Einzelne auch sein.

Voraussetzung für Mitleid wäre das Staunen darüber, dass Unerhörtes geschieht. Doch selbst tiefere Verwunderung kommt nicht auf. Dass die gewohnte Ordnung auch im Heer aus den Fugen geraten ist, wird nur in der allerletzten römischen Episode vermerkt. Bei einer Einladung für andere Hauptleute, so Schertlin, hätten einfache Landsknechte das Haus gestürmt, etliche ihrer Vorgesetzten verwundet, auf den Campo dei Fiori geführt und dort mit ihren Spießen erstechen wollen, wovor er sie durch sein mutiges Dazwischentreten bewahrt habe. Unten ist oben geworden. Doch auch diese Umkehrung wird keiner weiteren Bemerkung für würdig befunden – es war eben so. Nur an einer einzigen Stelle bricht durch, dass Schertlin damit einverstanden ist. Im Krieg um Neapel hätten sie die Stadt Aversa mit ihren eigenen Geschützen beschossen und danach „die größten Hansen", unter ihnen den Markgraf von Saluzzo, gefangen nach Neapel geführt, wo diese gestorben seien. Unausgesprochener Kommentar: Recht geschah ihnen, nämlich Gottes Wille.

Das ist auch die Überzeugung, die die Aufzeichnungen Adam Reißners, seines Zeichens Sekretär Frundsbergs, ab dem 16. März 1527 an dessen Krankenlager in Ferrara und lange danach Verfasser von dessen Lebensgeschichte, durchzieht. Bei der Erstürmung und Plünderung der Ewigen Stadt abwesend, stützt er seinen Bericht, wie in der Vorrede betont, auf die Mitteilungen diverser Augenzeugen, nicht zuletzt Schertlins selbst. Trotz des zeitlichen Abstands zu den beschriebenen Ereignissen – die erste Auflage erschien 1568 – und des Bildungsunterschieds zwischen dem humanistisch gelehrten Biographen und seinen Gewährsmännern fällt das Deutungsmuster mit deren Wahrnehmung im Wesentlichen übereinstimmend aus: Gott will es! Ja, die Geschichte(n) von Frundsbergs wundersamem Zug über die Alpen und den nachfolgenden, der menschlichen Voraussicht nicht weniger spottenden Wechselfälle lässt nur den einen, immer wieder ausgesprochenen Schluss zu: Es ist hier eine höhere Macht am Werke, die sich der frommen, ehrlichen Landsknechte zum Heil der Christenheit bedient. Wie wäre anders zu erklären, dass Frundsbergs erster Probeschuss mit der gerade aus Ferrara gelieferten Feldschlange Giovanni de' Medici das Knie zerschmetterte? Was

Ins Herz des Bösen. Der Sacco der Söldner

93

Gott tut, das ist wohlgetan: Auf dem Sterbebett zeigt der Verwandte des Papstes sein wahres Wesen als vom Teufel besessener Wüterich. Wollte er doch die Deutschen ausrotten, um so Satan, seinem Herrn, grenzenlose Macht auf Erden zu verschaffen. Heilsgeschichte und Verherrlichung der deutschen Nation verschränken sich: Der Bericht über den italienischen Feldzug wird zum Triumph von *fides* und *virtus germanica*, die über welsche Hinterlist mit Hilfe Gottes triumphieren. Frundsberg und Bourbon – immerhin Sohn einer italienischen Mutter und eines französischen Vaters! – verkörpern gleichermaßen germanische Tapferkeit und Treue; unfähig zu jeglicher Arglist, planen sie auch nicht die Verwüstung Roms, sondern sinnen ausschließlich auf ihr gutes Recht, nämlich die Bezahlung ihrer Truppen. Gott selbst hat den intriganten und wortbrüchigen Papst mit Blindheit, ja mit blinder Wut gegen die gottgewollte Ordnung der Welt geschlagen. Mag er auch den kaiserlichen Gesandten Lannoy durch das Blendwerk seiner Ränke für sich gewinnen, Frundsberg und Bourbon täuscht er mit dem Vertrag vom März 1527 nicht. Gott aber will jetzt die Bestrafung der päpstlichen, römischen und italienischen Lasterhaftigkeit. Er führt die Truppen auf die hohen römischen Mauern – die ersten, die sie erstürmen, fühlen sich von himmlischer Hand emporgehoben. In allen diesen Punkten stimmen Schertlin und Frundsbergs frommer Sekretär überein; auch bei den Siegern überdeckt die Erfahrung des Unerhörten die Unterschiede der Bildung. Mit einer Ausnahme: Was nach der Erstürmung in der Ewigen Stadt geschieht, sprengt Reißners Deutungsrahmen. Ist die Entmachtung des Papstes noch Teil des göttlichen Heilsplans, so versagt sich die danach anbrechende Herrschaft der einfachen Söldner diesem Erklärungsmuster immer mehr. Wie sich die Landsknechte gegen ihre Hauptleute wenden, ja diese mit Schande und Tod bedrohen, entzieht sich einer sinnstiftenden Interpretation; in der Schilderung dieses brutalen Karnevals schwingt untergründiges Grauen mit. Will Gott, der Herr, damit die Endzeit einleiten? Sind die entfesselten Plünderer Vorboten der Apokalypse, nach deren Zeichen Reißner, ein stiller Anhänger Caspar von Schwenckfelds, lebenslang sucht?

Dafür spräche, dass sie systematisch die Zeugnisse der Vergangenheit austilgen. Aus dem Blickwinkel der Akteure betrachtet, ist die Zerstörung der Schriftstücke, die so auffallend aus der Logik des reinen Beutemachens herausfällt, anders, nämlich als eine symbolische Vernichtung von Autorität zu verstehen. Die Herrschaft des Papsttums schlägt sich in Schriftstücken nieder; vernichtet man diese, löscht man auch seine Macht, ja selbst die Erinnerung an sie aus. In diesem Sinn haben die Bauern 1525 die Archive ihrer Feudalherren verbrannt. Die Vergangenheit ist getilgt und jeder Anspruch mit ihr. Diese Annullierung der päpstlichen Autorität wird nicht von alternativen Glaubensrichtungen, sondern von der reinen Logik der Eroberung diktiert: Wir sind jetzt die Herren, die Macht des Papstes ist abgetan. Gottes Wille zeigt sich im Sieg. Mehr war nicht nötig.

Mehr konnte allerdings hinzukommen. Dass ein Teil der Söldner davon überzeugt war, einen ganz speziellen Willen Gottes auszuführen, steht durch die Zeugnisse der zweiten Quellengattung außer Frage. Unter den erhaltenen Kritzeleien in römischen Fresken findet sich auch ein „Vivat Lutherus". Wer Clemens entmachtet, beruft sich auf seinen wortmächtigsten Feind; mehr muss nicht dahinterstecken. Tiefere historische Bezüge stellt das Graffito „Babilon" her, das sich in der Villa Farnesina erhalten hat. Rom ist damit als die Hure Babylon und als Sitz des Antichristen identifiziert. Eine erhabenere Rechtfertigung konnte die Plünderung der Ewigen Stadt nicht finden, war sie doch durch dieses eine Wort als Sitz des Bösen schlechthin ausgemacht. Streiter gegen den „Widerchristen" waren Streiter Gottes. War der Nachäffer des Erlösers niedergerungen, brach das Millennium an. Tausend Jahre mit Christus auf Erden harrten dann der Guten. Zu ihnen würden diejenigen, die den Papst in seiner Hauptstadt gefangen gesetzt hatten, sicher zählen. Das alles kann das eine Wort in einem Fresko meinen.

Die meisten Graffiti haben naturgemäß weniger theologische Tiefendimension. Sie lassen Luther sowie den Kaiser hochleben und empfehlen die Seele Bourbons Gott. Andere dieser Verewigungen sind von nicht verbaler Art. In Raffaels Fresko des Allerheiligsten Altarsakraments wurde das Porträt des Kardinals Giovanni de' Medici durch einen Lanzenstich entstellt. Dieser gezielte Zerstörungswille zeugte von Sachverstand. Ein Gesicht musste erkannt und die Beziehung Leos X. zu Clemens VII. hergestellt werden: viel Ikonologie und Genealogie für einen Landsknecht.

Ein ähnliches intellektuelles Niveau legt eine weitere aus dem Rahmen fallende Einritzung an den Tag, die längste und nachdenklichste von allen: „Was soll ich der ich schreib nit lachen wir haben den papst laufen machen", datiert 1528. Somit handelt es sich um eine historische Auswertung des Sacco in eigener Sache. Und zwar im Zeichen des Spotts: die Plünderung als komisches Welttheater, als verkehrte Welt, die zum Lachen reizt – Schertlins „seltsames Haushalten" und Gumppenbergs Hohn klingen an. Wiederum ist oben nach unten, unten nach oben gekehrt worden. Das Paradoxe und zugleich Sinnstiftende dieser Verdrehung wird in der rhetorischen Selbstbefragung eingefangen; sie spiegelt das Bewusstsein wider, der Welt ein einmaliges Schauspiel geboten zu haben. Das Lachen darüber befreit. Die Komödie, die hier gespielt wurde, ist kein bloßer Schwank zur reinen Erheiterung, sondern eine Freilegung der Wahrheit. Es bedurfte der Söldner, um der Farce des Papsttums ein Ende zu bereiten. Mit dessen angemaßter Würde hat es nach dieser Demaskierung ein Ende. „Laufen" kann in diesem Zusammenhang vieles bedeuten. Bei feierlichen Anlässen bewegte sich der Papst auf dem Tragsessel der *sedia gestatoria* fort. Wenn man ihn zum Laufen bringt, entkleidet man ihn – über die Anspielung an die Flucht in die Engelsburg hinaus – also seines Ranges. Der Papst muss jetzt zu Fuß gehen, wie die Landsknechte selbst. Einer der Ihren aber ist er nicht geworden. Die ehrlichen Söldner nämlich wanken und weichen nicht, sie stürmen höchstens. Clemens aber läuft, d. h., er flieht vor der Gefahr, Gipfel der Schande für einen Kriegsmann von Ehre. Amt und Ehre werden ihm in diesem Graffito unwiderruflich abgesprochen.

Lachen über eine verkehrte Welt gehört zum Karneval. Im Karneval wurde den Mächtigen der Spiegel vorgehalten, wurden die Kleinen für kurze Zeit groß, wird, was würdig sein will, lächerlich gemacht. Gewiss, die vorübergehende Umkehrung der Hierarchien sollte diese für den Rest des Jahres erträglich und damit umso stabiler machen; das erlaubte und zugleich kontrollierte Über-die-Stränge-Schlagen reduzierte die Spannungen zwischen oben und unten, senkte den Druck in einem System, das auf extreme Ungleichheit gegründet war und diese zu rechtfertigen hatte. Doch konnte dieses Von-unten-nach-oben-Kehren immer auch mehr bedeuten: dass die Welt eine Komödie war, in der die Rollen willkürlich verteilt wurden, dass also Rang und Würden genauso gut vertauscht werden konnten. Diese Einsicht legte Niccolò Machiavelli in seiner 1520 fertig gestellten „Ge-

III. Bilder einer Plünderung

16. *Freude darüber, dass sie den Papst haben laufen machen – noch heute künden Graffiti vom Triumph der Landsknechte anno 1527.*

schichte von Florenz" einem Führer des Ciompi-Aufstands von 1378 in den Mund: Prestige, Ehre und Macht sind denen zugefallen, die am unverfrorensten und skrupellosesten danach gedrängt haben. Sie haben daraufhin Moral und Religion erfunden, um diesen Raub zu rechtfertigen. Und in teuren Kleidern und prunkvollen Palästen gerieren sie sich als höhere Wesen. Doch das ist nichts als Schein. Wenn die Machtlosen die Mächtigen gestürzt haben, werden sie selbst binnen kurzem als gottgewollte Herrscher verehrt werden.

Der Karneval als Aufdeckung der Wahrheit ist auch das Kernthema der lebenden Bilder, welche die Landsknechte nach übereinstimmenden Quellenzeugnissen so reichlich inszenierten. Dabei ist die Bandbreite des Parodistischen groß. Von einer gehörigen Portion destruktivem Witz zeugt

17. *Zu den Kritzeleien in Fresken kamen die lebenden Bilder der Verhöh-
nung – im Zeitalter des Dreißigjähri-
gen Krieges wurden die Spott-Umzüge
der Landsknechte im besiegten Rom des
Jahres 1527 wieder aktuell.*

die folgende Inszenierung: Ein Landsknecht von majestätischem Äußeren
legte päpstliche Gewänder an, setzte sich die Tiara aufs Haupt und ließ sich
auf reich geschmücktem Ross, umgeben von Kameraden in Bischofs- und
Kardinalstracht, zur Engelsburg geleiten. Dort gelobte er dem Kaiser Treue,
verlangte die Abschaffung allen Prunks an der Kurie und berief sich auf ein
Testament Clemens' VII., welcher Luther zu seinem Nachfolger bestimmt

habe – auf dass dieser das Schifflein Petri wieder in sichere Gewässer steuere. Spott und Ernst, Häme und Weihe mischen sich hier eigentümlich. Bei aller ironischen Delegitimierung des Papsttums wird ein Übergang von der alten zur neuen Kirche zelebriert, der nach den Maßstäben der Akteure so etwas wie Rechtmäßigkeit und Bruchlosigkeit garantierte – mit dem Ziel, die aus den Fugen geratene Welt wieder ins Gleichgewicht zu bringen. Die Profanierung hat den Zweck, die Heiligkeit der Kirche – so lange verdeckt und verdrängt – wiederherzustellen: Karneval als gottesfürchtiges Werk. Parodistisch und weihevoll zugleich ist ebenfalls die Umwidmung des vornehmsten Kruzifixes von St. Peter. Auch hier legten die Landsknechte Hand an; sie kleideten Christus am Kreuz als Landsknecht ein. Der Gottessohn als einer der Ihren: Das war die höchstmögliche Selbstverherrlichung der Sacco-Söldner. Im Kern entsprach sie durchaus ihrem Selbstverständnis: anderen durch ihren gefahrvollen Dienst ein Kreuz abzunehmen, ja sich für die Mitmenschen zu opfern. Und noch eine Botschaft lässt sich aus der Kreuz-Travestie ablesen: Wenn der Erlöser wiederkäme, würde er dasselbe tun, nämlich den Papst absetzen und die Herrschaft über Rom und die Kirche in die Hände der ehrlichen Landsknechte legen. Damit kleidet sich der Söldner als Gotteskrieger ein: auf dem heiligsten aller Kreuzzüge gegen den angemaßten Stellvertreter Christi auf Erden, für eine Kirche nach dem Bild der Kleinen.

Bei den meisten Söldner-Spektakeln geht es allerdings weniger feinsinnig zu. Ein Priester soll einem Esel in Menschenkleidung das Abendmahl reichen und wird, als er sich weigert, erschlagen. Für die Römer stand dahinter die „lutherische Sekte", welche die Heilskraft der Sakramente bestritt. Doch ist die Profanierung vor allem eine Demonstration der Macht durch Aufdeckung fremder Machtlosigkeit: Die Entweihung des Heiligen bleibt folgenlos, die Erde tut sich nicht auf, um die Frevler zu verschlingen. Genau das soll auch der Bildersturm der Landsknechte, dem zahllose Kunstwerke und liturgische Geräte zum Opfer fallen, stets aufs Neue beweisen: Fauler Zauber, die Bilder sind machtlos, sie können sich nicht einmal selber helfen, geschweige denn anderen. Eine Demütigung und Einschüchterung der Besiegten zugleich war die Prozession der Landsknechte, die den lebenden Kardinal von Aracoeli auf der Totenbahre zum Begräbnis trugen, stilvollerweise in seiner eigenen Titelkirche. Dort ließen sie ihn eine Leichenpredigt der alternativen Art halten: eine Aufzählung aller von diesem Kirchenfürsten und seinen Amtskollegen angeblich begangenen Schandtaten. Darauf folgte der Leichenschmaus im Palast des Verhöhnten. Altvertraute Riten, gegen die alten Herren der Kirche gewendet: Das war auch die Botschaft der erzwungenen Beichten, in denen hohe Prälaten unerhörte Verbrechen gestehen mussten. Die Machtmittel der Großen in den Händen der Kleinen: In diesem Sinne wurden Reliquien geschändet. Auch hier steht die Aufforderung im Raum: Zeigt uns eure Macht, wenn ihr könnt. Ja, die Kultform der Wallfahrt selbst wird parodistisch widerlegt. Die Landsknechte „pilgern" zur Kapelle Sancta Sanctorum im Lateran, welche die größte Reliquiendichte der Christenheit aufweist, und räumen sie gründlich leer. Anstelle frommer Gesänge werden die Pferde zum Wiehern gebracht.

Dieser Papst, dieser Klerus, diese Sakramente, diese Reliquien sind machtlos, denn wir haben sie alle besiegt.

Das Böse in der Kirche. Der Sacco der Reformer

Die Berichte der Täter wie der Opfer haben manches gemeinsam. Zum Beispiel sahen sie den Papst als Schuldigen. Doch so zahlreich die Fehlleistungen und Versäumnisse Clemens' VII. auch waren, der Sacco war mehr als deren Summe. Schuld war das Amt: wie es sich entwickelt hatte, wie es geführt wurde. Dieser Vorwurf konnte sich gegen die Kleriker an der Macht oder gegen einzelne Erscheinungsformen der Kurie – Ämterkäuflichkeit, Lebensstil der Kirchenfürsten, Gebührenerpressung, ungenügender Bildungsstand – richten. Dahinter stand ein Unbehagen voller Widersprüche. Wie viel weltliches Machtstreben ist dem Amt des Stellvertreters Christi zuträglich? Und vor allem: wie viel Nepotismus? Dass die Würden der Kirche ohne Ansehen von Macht, Einfluss und Familie, sondern nach individueller Würdigkeit allein vergeben werden sollten – dieses Grundgesetz der Kirche wurde systematisch missachtet und war doch im Bewusstsein der Zeit lebendig.

Für nachdenkliche Prälaten am Hofe Clemens' VII. wurde der Sacco so zur Herausforderung. Sie standen im Zentrum der Macht, die den eigenen Untergang herbeiführte. Hatten die Mächte des Bösen dadurch triumphiert, dass sie die edlen Pläne des friedliebendsten und uneigennützigsten aller Päpste durch diabolische Täuschungen in einer Katastrophe enden ließen, die ihnen zur ewigen Schande gereichte? So zumindest lautete die offizielle Version des Sacco in den Verlautbarungen Clemens' VII.: ein Papst, zu rein für die Welt. Gott hat dem Bösen freien Lauf gelassen, um die Fürsten der

Christenheit auf ihre Sünden zu verweisen und zur Umkehr zu bewegen. Der Papst aber wurde dabei zum unschuldigen Opfer, ja zum Märtyrer.

An dieser Selbstrechtfertigung schieden sich die Geister. Kronzeuge derjenigen, die aus dem Nachdenken über den Sacco die Notwendigkeit zur Reform des Papsttums und der Kirche insgesamt ableiteten, ist Jacopo Sadoleto (1477–1547). Als einer der führenden Humanisten seiner Generation gehörte der Sohn eines Juraprofessors aus Ferrara in Rom zur Gefolgschaft Kardinal Oliviero Carafas. Carafa stand seit vielen Jahrzehnten für eine kuriale Partei, die gegen die herrschende Praxis von Nepotismus und Klientelismus, Machtpolitik und Prunkentfaltung Protest einlegte; ihr Votum galt einer geistlicheren, in ihrer Lebensführung vorbildlichen Kirche, die ihre Rechtfertigung in Seelsorge und Erziehung zur Frömmigkeit fand. In welchem Maße Sadoleto zu diesem frühen Zeitpunkt seiner Laufbahn solche Ideen teilte, ist fraglich. Seinen eigentlichen Karriereschub jedenfalls erlebte der glänzende junge Gelehrte unter Leo X., der ihn zu einem seiner persönlichen Sekretäre ernannte und mit Pfründen reichlich versorgte. Seiner Stellung am Hofe entsprechend feierte Sadoleto wie die anderen an der Kurie tätigen Humanisten die kulturelle Führungsrolle des Papsttums, unter dessen segensreicher Ägide die Kultur der Antike im Geist des Christentums eine glanzvolle, die alten Vorbilder übertreffende Erneuerung erfahre. Rom gewinne so seinen Rang als Mittelpunkt der Welt großartiger denn je zurück. Die Errungenschaften der heidnischen Philosophie seien aufgehoben in einem Christentum, das alle Wahrheiten älterer Religionen und Weisheitslehren in einer harmonischen Synthese vereine.

Unter Clemens VII. zeichnete Sadoleto persönlich für das im schroffen Anklageton gehaltene Breve an Karl V. vom 23. Juni 1526 verantwortlich. Die sich aus dem Beitritt des Papstes zur Liga von Cognac entwickelnde Ereigniskette allerdings betrachtete er mit zunehmendem Unbehagen, als dessen Folge er sich im April 1527, gewissermaßen in vorletzter Minute, aus Rom absetzte und in seine Diözese Carpentras in Südfrankreich begab. Was danach in der Ewigen Stadt geschah, zwang Sadoleto dazu, seine Vorstellungen von Kirche und Papsttum zu überprüfen. Als er im Juni 1527 die Nachricht von der Plünderung Roms erhielt, galt seine erste Sorge naturgemäß den am Tiber verbliebenen Freunden und dem Papst, der jetzt wie später von jeder Schuld ausgenommen wurde. Den Zorn Gottes, der sich in dieser schrecklichen Strafe manifestierte, mussten demnach andere erregt haben; als Ursachen wurden die Verderbtheit der Sitten im Allgemeinen und die Unmoral des römischen Hofes im Besonderen genannt. So weit, so konventionell. Vor allem aber regte der Zusammenbruch der päpstlichen Herrschaft Sadoleto, den noch einmal Davongekommenen, dazu an, über die Rangfolge von Verpflichtungen nachzudenken. Bei aller Beteuerung seiner Treue zu Clemens VII. mussten die daraus abgeleiteten Pflichten hinter einer anderen, höheren Gefolgschaft zurücktreten: Als Bischof von Carpentras war er es Gott, der ihn zu diesem Zweck allein so wunderbar verschont hatte, schuldig, mit aller Kraft für die ihm anvertraute Herde und darüber hinaus für die Reform der Kirche zu wirken. So betrachtet, zeigt der Sacco di Roma seinen tiefsten Sinn: Gott hat ein Zeichen für die Erneuerung gesetzt. Nicht, dass der Papst selbst einer solchen bedürfe. In dieser Hinsicht bleibt auch der neue Sadoleto seinen irdischen Klientenpflichten treu, die ihn dazu anhalten, den Ruhm seines Herrn zu mehren. Clemens war in der Tat zu gut, allenfalls zu gutgläubig für die Welt und ihre Ränke.

Diese Unterscheidung ermöglicht es Sadoleto, das Wort unmittelbar an den Gefangenen in der Engelsburg zu richten, ja ihn im Elend aufzurichten: Die Habgier und das lasterhafte Wohlleben der Kurialen haben die Strafe Gottes herbeigeführt, die den Papst unschuldig trifft. Damit ist ihm die große Aufgabe übertragen, die Missstände zu tilgen und die Kirche im Geist der Seelsorge zu erneuern. Nach so langen und so fruchtlosen Debatten über die Reform der Kirche hat der Sacco sie jetzt erzwungen – das ist Gottes Gnade, wie sie in der Strafe manifest wird. Gewiss ist der Verlust von so vielen Menschenleben, Büchern und Kunstwerken zu beklagen; Einsicht und Einkehr, wie sie die Katastrophe bewirkt hat, zählen dennoch mehr. Nicht nur die Übel, die die Plünderung herbeiführten, sondern auch der Geist, in dem die Reform bewältigt werden muss, treten durch den Sacco ganz klar hervor: Rückbesinnung auf die wahren Aufgaben der Kirche, mehr Ordnung, mehr Disziplin – so lautet die Lehre. Wenn sie konsequent umgesetzt wird, dann haben die entfesselten Söldner den Römern nicht nur ihre Reichtümer, sondern auch ihre Laster genommen und der ganzen Christenheit ein Geschenk gemacht. In diesem Sinne betont Sadoleto auch gegenüber Clemens VII., primär nicht diesem, sondern der Kirche verpflichtet zu sein. Diese Unterscheidung aber musste die kuriale Auffassung vom Papstamt an den Wurzeln treffen. Alle propagandistischen Verlautbarungen in Text und Bild hatten genau diese unauflösliche Verschmelzung zwischen dem Haupt und den Gliedern verkündet: Der Papst ist die Kirche, ohne ihn kann sie nicht bestehen. Diese Einheit war jetzt aufgebrochen; die Aufspaltung war der Preis dafür, dass der regierende Pontifex maximus von der Kritik ausgenommen wurde. Doch auch so blieben Zweifel zurück. Was war das für ein Papst, der, obwohl persönlich integer, auf einen moralisch minderwertigen Hofstaat vertraute und sich von diesem in die Irre führen ließ?

Doch der Sinn der Reflexionen über den Sacco war nicht Selbstzerfleischung im Rückblick, sondern der Aufbruch in die Zukunft einer neuen Kirche; dafür wurden alle Energien freigesetzt. Ja, in diesem Sinne verstand sich Sadoleto in späteren Briefen an denselben Papst geradezu als der autorisierte Interpret der Katastrophe. Deren Heilswirkungen traten jetzt ganz klar hervor. Da im Dienst für die Kirche keine irdische Größe mehr zu gewinnen sei, wandle sich nicht nur das Amt, sondern auch der Menschentyp, der dieses anstrebe – aus Wölfen werden so Hirten. Voraussetzung dafür aber sei, dass sich der Papst künftig vom weltlichen Getriebe und speziell den Risiken der großen Politik fernhalte.

Mit Clemens VII. undurchführbar, wurden die aus der Erfahrung des Sacco abgeleiteten Reformen unter dem anschließenden Pontifikat Pauls III. allmählich umgesetzt, und zwar mit dem Kardinal Sadoleto an führender Stelle. Sein Konzept der Erneuerung konnte zum offiziellen Programm werden, weil es die Rolle und damit auch die Machtfülle des Papsttums unangetastet ließ. So gnädig waren die Verlautbarungen des kaiserlichen Hofes nicht. Ihr Hauptzweck war es, Karl V. gegen seine Ankläger in Schutz zu nehmen, die ihn als Kirchenschänder und damit des Machtmissbrauchs, ja als Zerstörer der gottgewollten Ordnung anklagten – Vorwürfe, die sich nur durch eigene Angriffe zurückweisen ließen. Auch die Pamphletisten trennten wie Sadoleto die Kirche vom Papsttum, allerdings mit umgekehrter Stoßrichtung. So habe Karl den Sacco nicht gewollt und daher auch nicht herbeigeführt. Er habe sich gegen die Aggressionen des Papstes zur Wehr setzen müssen, da er seinen Untertanen als christlicher Monarch Schutz, Schirm und Frieden schulde. Sein Krieg habe allein der Verteidigung gedient; dass daraus die Schändung der Ewigen Stadt hervorgegangen sei, habe sich der schlecht beratene Pontifex maximus, rein politisch betrachtet, selbst zuzuschreiben. Doch sei bei so ungeheuren Vorgängen die Hand Gottes im Spiel. Gott habe den durch die unlauteren Versprechungen frevlerischer Mächtiger verführten Papst, seine verkommene Kurie und die von unaussprechlichen Lastern verunstaltete Stadt Rom gestraft, um endlich die längst fällige Reform an Haupt und Gliedern einzuleiten. Zu diesem Zweck habe er die Unternehmungen des Kaisers überall mit dem Sieg gekrönt. Möge sich der Papst also seiner Verpflichtungen besinnen und in vertrauensvoller Zusammenarbeit mit dem Oberhaupt des Reiches den Prozess der Erneuerung beginnen. Ungeachtet aller rhetorischen Beschwörungen der Eintracht von Kaisertum und Papsttum wird der Sacco so zur Rechtfertigung eines Konzils unter Karls Führung.

Gegen diese in seinen Augen unhaltbaren, ja skandalösen Schuldzuweisungen legte der päpstliche Nuntius am Kaiserhof, Baldassare Castiglione, vehementen Protest ein. Sein Einspruch leugnete nicht vielfache Missstände an der Spitze der Kirche wie in der Stadt Rom und räumte so mancherlei Erneuerungsbedarf ein, legte dieser Diagnose aber die Unterscheidung von Institutionen und Personen zugrunde. So unwürdig einzelne Kleriker und Teile der römischen Gesellschaft auch sein mögen, so bleiben doch das Papsttum als von Gott geschaffene Einrichtung und Rom als deren vorherbestimmter Wirkungsort unantastbar. Das Amt des Stellvertreters Christi auf Erden und die Ewige Stadt bedeuten mehr, als sie in der Flüchtigkeit der Gegenwart zu sein scheinen. Sie sind durch Gottes Willen, aber auch durch den Glauben so vieler Generationen und die Erinnerung an Verfolgung und Martyrien über die Vergänglichkeit des Augenblicks und alle Erscheinungen der Dekadenz hinausgehoben; sie sind Symbole der Hoffnung und des Trostes, ja, sie bezeichnen bei aller anfechtbaren Verwicklung in das Getriebe der Geschichte eine höhere Wirklichkeit. Die Herabwürdigung des Amts und der Stadt muss daher unabsehbare Folgen für Ordnung und Moral zeitigen. Nach dem Sacco nämlich gibt es keine Tabus mehr. Er ist keine heilsame Strafe, sondern eine Demütigung für alle Menschen guten Willens.

Das konnte man selbst innerhalb der kurialen Reformergruppe durchaus anders sehen. Die wohl komplexeste aller im weitesten Sinne historischen Deutungen des Sacco legte der als ebenso fruchtbarer wie origineller Theologe hervorgetretene Kardinal Egidio da Viterbo vor. Seine Interpretation der Bibel und der Zeugnisse anderer Religionen, speziell der jüdischen Kabbala, war von der Suche nach Prophezeiungen und deren Bezug zur Gegenwart geprägt. Alle heiligen Bücher der Menschheit bewahren von Anbeginn an Offenbarungen des göttlichen Willens, die mit dem Evangelium ihre Vollendung finden. Speziell das Alte Testament weist hinter dem wörtlichen Schriftsinn eine Fülle von Bedeutungsebenen auf. Diese Dechiffrierung des göttlichen Geschichtsplans hat, so unvollständig, ja fragmentarisch sie bis heute auch geblieben ist, doch einige große Wahrheiten ans Tageslicht befördert. Rom ist nach Ausweis aller prophetischen Zeugnisse aller Religionen die Erwählte Stadt, dazu bestimmt, das Neue Jerusalem der strahlenden Endzeit zu werden. Deren Anbruch aber steht unmittelbar bevor, wie derjenige uns schwer zu erkennen vermag, dem die Auslegung der Schrift die Augen geöffnet hat. So haben die Entdeckungsfahrten der Portugiesen neue Kontinente für die Ausbreitung der christlichen Wahrheit erschlossen, zu der sich auch die islamische Welt binnen kurzem bekehren wird. Die in Frieden und Nächstenliebe vereinte Christenheit aber wird von einem Pontifex maximus angeleitet werden, unter dessen segensreicher Führung Rom zum strahlenden Mittelpunkt aller Künste und Wissenschaften aufzusteigen im Begriff ist.

Diese in kurialen Humanistenkreisen verbreitete Erwartung eines christlichen Goldenen Zeitalters aber war im Denken Egidios von Anfang an mit der Vorstellung von Strafe, Buße, Einkehr und Besserung verknüpft. Und ein Befehl: Gott will den Anbruch der seligen Endzeit, also ist die Zeit zum Handeln gekommen. Konkret: Damit es so weit ist und Rom seine Geschichtsmission antreten kann, müssen sich Kirche und Papsttum umfassend, und zwar organisatorisch, moralisch und praktisch, erneuern. Diese Reform aber ist – so der die unterschiedlichen Positionen der Reformpartei verklammernde Grundgedanke – Pflicht und Vorrecht des Pontifex maximus zugleich. Gottes Geduld ist jedoch nicht unerschöpflich, umso weniger, als er sehen muss, wie ein verheißungsvoller Ansatz nach dem anderen – so das Fünfte Laterankonzil Julius' II., auf das Egidio große Hoffnungen gesetzt hatte – stecken bleibt. Dennoch schickt Gott weiterhin Weissagungen, Warnungen, ja regelrechte Handlungsanweisungen. So wurde Karl V. durch Himmelszeichen aufgefordert, seine Armee zurückzuziehen und die Ewige Stadt zu verschonen, wenn sie in letzter Minute Zeichen der Umkehr erkennen ließ. Da diese aber ausgeblieben sind, kam der Sacco als gerechte Strafe. Die Römer und speziell die Kleriker hatten die Wohltaten des Herrn für selbstverständlich gehalten. Sie waren undankbar geworden und tiefer als alle anderen herabgesunken.

Gott ist also der unmittelbare Urheber des Sacco mit all seinem Blutvergießen, den Folterungen und Schändungen. Die große Plünderung war die angemessene Züchtigung, um Rom und das Papsttum zur Erfüllung seiner Aufgaben anzuspornen. Doch selbst diese furchtbare Geißelung fruchtete nichts, ja, als Folge des Sacco nahmen Sittenlosigkeit, Habgier und Zügellosigkeit weiter zu. Das Erlebnis des Terrors hat nicht zur Hinwendung zur Ewigkeit, sondern im Gegenteil zu entfesselter Genusssucht im Hier und Jetzt geführt. So aber ist der Sacco nicht das Ende, sondern nur der Anfang. Auf ihn folgte die Tiberüberschwemmung des Jahres 1530, die eine noch viel schlimmere Verwüstung bewirkte. Wie die Landsknechte erbrachten jedoch auch diese Vorboten einer neuen Sintflut nicht das erwünschte Resultat. Die schwerste aller Strafen, so Egidios düstere Weissagung, steht daher noch aus. Wer sie vollstrecken wird, ist absehbar. Die „göttliche Gegenwart", die der gelehrte Theologe als Person auftreten lässt, wendet sich mit ihren Offenbarungen an den wahren Herren der Christenheit, den Kaiser. Er ist das von Gott zur Erneuerung der Kirche auserkorene Instrument. Für einen Kurienkardinal, der lange Zeit die Machtfülle des Pontifex maximus gepredigt hatte, war das eine ungewöhnliche Kehrtwendung. Das Papsttum hatte seine Chancen, und zwar zum vorletzten Male im Sacco, gehabt und nicht genutzt. Jetzt war daher die höchste weltliche Macht an der Reihe. In der Perspektive der nahenden Endzeit schrumpft selbst die Katastrophe des Sacco zu einer Episode unter anderen; so kolossal sie auch ist, die Schlechtigkeit der Menschen ist stärker. Doch sie hat nicht das letzte Wort. Am Ende verspricht die „göttliche Gegenwart", dass sie die weiterhin herrschende Verderbtheit mit der Sichel noch viel grausamerer Feinde niedermähen und die vorgesehene neue Ordnung dennoch errichten wird. Auf den Sacco wird der Super-Sacco folgen.

Das Böse in der Kultur?
Die Debatte der Humanisten über den Sacco

Vorerst aber blieb der Gegensatz zwischen der Blüte der Kultur und dem Tiefstand der Moral im Rom der Gegenwart unaufgelöst. Dieser Widerspruch war in den optimistischen Zukunftsentwürfen der Humanisten so nicht vorgesehen. Ihr Rezept zur Reform der Kirche lautete, auf den Punkt gebracht: bessere Bildung, verfeinerte Sprache, höhere Sittlichkeit. Würden sich die Kleriker nur in die *bonae litterae*, die antiken Texte zu Moralphilosophie und Geschichte sowie in die Werke ihrer Fortsetzer und Vollender in der Gegenwart vertiefen, so würden sich die Missstände in der Kirche wie in der Christenheit von selbst beheben lassen. War so viel Zuversicht nach dem 6. Mai 1527 noch angebracht? Darüber entwickelte sich über die Alpen hinweg eine leidenschaftliche Diskussion zwischen italienischen Humanisten auf der einen und Erasmus von Rotterdam bzw. seinen Anhängern auf der anderen Seite.

Für die italienischen Humanisten insgesamt war der Sacco Ausdruck einer gleich mehrfach pervertierten Weltordnung: Die verfeinertste Nation der Welt wurde von den rohesten Barbaren gedemütigt; Triebhaftigkeit siegte über Zivilisiertheit, finstere Rückständigkeit über Fortschritt, die düstere Vergangenheit über die glänzende Gegenwart. Den Prinzipien der Geschichte, der Würdigkeit und des menschlichen Pflichtenkodex allgemein wurde so Hohn gesprochen. Rom und Italien hatten die übrige Welt, vor allem das barbarische Germanien, durch die Ausbreitung des Christentums und der antiken Kultur zugleich zu veredeln versucht – und der Sacco war der Dank. Der unbelehrbare Zögling erhob sich gegen den verdienten Lehrmeister. Die noble Mission, den ungeschlachten Völkern jenseits der Alpen die Schätze der lateinischen Sprache und Lebensart zu vermitteln, war gescheitert. Alle nationalen Ab- und Ausgrenzungen waren aufs schauerlichste bestätigt worden – Barbaren waren und blieben Barbaren. Mochten sie sich auch gewisse Techniken der Zivilisation aneignen, das alles blieb dünne Tünche. *Humanitas* und *bestialitas*, Italien und die Außenwelt, standen sich unversöhnlicher denn je gegenüber. Der Sacco belegte, so betrachtet, ein anthropologisches Grundgesetz. Von den Deutschen war nichts als Kriegsfuror zu erwarten: die lutherische Irrlehre mit ihrer monströsen Absurdität der Prädestination, der Vorherbestimmung zu Heil oder Verdammnis ohne Ansehen des persönlichen Verdienstes und Strebens spiegelte dieses immerwährende Barbarentum am krassesten wider. Die Plünderung der Ewigen Stadt war so ein Kulminationspunkt in einer langen Kette blindwütiger Rebellionen. Erschwerend dazu kam – so der Bischof und Historiker Paolo Giovio – die Unvernunft italienischer Eliten, die wie die Colonna in kurzsichtiger Verfolgung kleinlicher Eigeninteressen dem *furor teutonicus* in die Hände arbeiteten, anstatt ihre zivilisatorische Überlegenheit zur Abwehr dieser finsteren Gegenwelt nutzbar zu machen.

Welche praktischen Schlussfolgerungen sollte man aus dieser niederdrückenden Bestandsaufnahme ableiten? Wollte man nicht wie Pierio Valeriano die melancholische Bilanz ziehen, dass sich Männer von Geist überall dem Undank der Mächtigen und der Verfolgung durch die ungebildete Masse ausgesetzt sehen, so blieb nur die Konsequenz, Schutzwälle gegen das erneute Eindringen der Wilden aus dem Norden zu errichten. Die dringendste Maßnahme bestand darin, die altrömische Kriegstüchtigkeit zu erneuern, die im Prozess der Zivilisation zurückgedrängt worden war. Italien, das Land der voll entfalteten Menschlichkeit, wehrhaft gegen außen machen – das war die eigentliche Lehre aus dem Sacco. Dass die Elitenkultur der Gegenwart mit ihren Folgen der Individualisierung und Entpolitisierung insgesamt eine fatale Fehlentwicklung war: Diese radikale Absage an alle humanistischen Selbstgewissheiten hatte der antihumanistische Außenseiter Machiavelli bereits nach Verlust der politischen und militärischen Selbstbestimmung der italienischen Staaten ab 1494 formuliert. Die Erfahrung des Sacco di Roma machte im Nachhinein seine Kritik, dass das italienische Heerwesen dem Ansturm von außen nicht gewachsen war, für breitere Kreise nachvollziehbar.

Nicht aber sein Rezept der gezielten „Rebarbarisierung" Italiens. Über den Aufruf, Italien gegen die barbarische Außenwelt effizienter zu verteidigen, boten die humanistischen Sacco-Diskurse aus italienischer Feder nur schmale Argumentations-Spielräume. Maximal ließ sich ausführen, nicht selten auch nur andeuten, dass die Schaukelpolitik Clemens' VII. den fatalen Verlauf der Ereignisse in nicht unbeträchtlichem Ausmaß mit beeinflusst hatte, dass also eine konsequente Besinnung auf verbriefte Klugheitsregeln der Staatsführung angebracht war. Umso mehr Gelegenheit blieb für weit ausholende und reich mit mythologischen Anspielungen gespickte Klagen, sei es in der gebundenen Sprache der Elegie, sei es der Trauerrede mit gleitenden Übergängen zur Anklage. Ob Poesie oder Prosa, diese häufigsten aller Texte zum Sacco verstehen sich als Nachrufe auf Personen und Kulturgüter zugleich. Sie verewigen die in der großen Plünderung getöteten Gelehrten als Märtyrer des Geistes, denen ein neidisches Schicksal den verdienten Glanz nicht gönnen mochte. Ins Positive gewendet, erscheint dieser Gemeinplatz in Vasaris Vita des Malers Parmigianino. Dieser sei von seiner Kunst so absorbiert gewesen, dass er die Eroberung und Verwüstung der Ewigen Stadt nicht einmal bemerkt habe; dazu habe das rücksichtsvolle Verhalten der deutschen Landsknechte – sicherlich Edelleute, wie sich der Biograph hinzuzufügen beeilt – wesentlich beigetragen. Selbst beim unvermeidlichen Lösegeld hätten diese seine überragenden Verdienste in Rechnung gestellt. Kunst zahlt sich aus, auch und gerade im Unglück.

Ansonsten aber herrscht in den Texten italienischer Humanisten die Klage vor, dass die Bestialität der Masse unersetzliche Zeugnisse des menschlichen Geistes aus schierer Freude an der Austilgung des Guten und Wahren zerstört habe. Die *studia humanitatis* – lateinische Sprachpflege, Geschichte, Moralphilosophie und epische Dichtung – als nobelste Tätigkeiten des menschlichen Geistes bedürfen des Schutzes der Mächtigen; vernachlässigen diese ihre vornehmste Aufgabe, die wenigen Talentvollen gegen die neidische Destruktivität der vielen zu schützen, so versündigen sie sich an den ihnen von Gott aufgetragenen Herrscherpflichten, ja, sie delegitimieren sich selbst. Insofern ist auch die Klage über verbrannte Manuskripte politisch.

In diese Wehrufe stimmte Erasmus von Rotterdam, Haupt der Humanisten nördlich der Alpen, durchaus mit ein. Zeugnisse der Antike sind Menschheitsbesitz; wer sie zerstört, beraubt die menschliche Zivilisation stolzer Zeugnisse und so manchen Ansporns. Ohne Frage ist der Sacco ein beklagenswerter Akt des Vandalismus und als solcher durch nichts zu rechtfertigen. Als leidenschaftlicher Lobredner des Friedens prangerte Erasmus seit langem die Leichtfertigkeit an, mit der sich christliche Herrscher zum Krieg untereinander verleiten ließen. Ein guter Herrscher – in dieser Aufforderung gipfelt seine „Erziehung des christlichen Fürsten" – verzichtet lieber auf die Macht, als Krieg zu führen; Ausnahmen gelten allein für die Verteidigung gegen fremde Unterdrückung.

Und doch fällt seine Klage über das verwüstete Rom verhaltener aus, ja, in seine Auseinandersetzung mit der römischen Katastrophe von 1527 mischen sich Zwischentöne. Das hatte auch damit zu tun, dass Erasmus von italienischer Seite als Sympathisant, ja Schreibtischtäter angeklagt wurde. Hatte er nicht der Irrlehre des entlaufenen Mönchs Luther durch seine Kritik an angeblichen Missständen in der Kirche Nachdruck verliehen?

Luther selbst hatte zum Sacco geschwiegen – die erstaunlichste Lücke in der Presselandschaft der Zeit. Das Ausbleiben einer solchen tagespolitischen Äußerung fällt umso mehr auf, als der Reformator in den vorangegangenen sechs Jahren mit ähnlichen Veröffentlichungen nicht gegeizt hatte. So wurden im „Passional Christi und Antichristi" der Erlöser und sein teuflischer Nachäffer so gegenübergestellt, dass auch der einfachste Betrachter die gewünschte Schlussfolgerung ziehen konnte: Der Papst ist der geweissagte Widersacher Christi. Diese Polemik wurde in weiteren Publikationen der Jahre 1524 und 1526, die auch dem ungebildeten Publikum die höllische Natur des Papstamts und seines Inhabers veranschaulichen sollten, nochmals gesteigert. Wirkungsvollste Beweisstücke für diese bestürzende Gleichsetzung waren in Wort und Bild die leitmotivisch beschworene Sittenlosigkeit am Tiber und die perfide Verquickung von geistlicher und weltlicher Gewalt zum Zweck der rücksichtslosen Machtsteigerung und des entfesselten Machtgenusses. Gerade unter diesem Aspekt hätte sich eine Kommentierung des Sacco aufgedrängt: als Bestrafung einer Institution, die ihre angemaßte Schlüsselgewalt dazu missbraucht hat, die weltliche Obrigkeit aus den ihr zustehenden Tätigkeitsfeldern zurückzudrängen. Brieflich zieht der Reformator sogar noch weiter reichende Geschichtsdeutungs-Schlüsse: Wundersame Zeitläufe! Alles muss Christus nach seinem Willen dienen. Der Kaiser, der Luther verfolgt, sieht sich gezwungen, den Papst zu schlagen und damit Luther und dem Evangelium zu nützen.

Über die Gründe, die den Publizisten Luther zur Zurückhaltung bewogen, lassen sich nur Vermutungen vorbringen. Zum einen ähnelten schon in den Augen empörter Zeitzeugen die Spottprozessionen der Söldner den Szenen, die auf proreformatorischen Holzschnitten massenhaft verbreitet wurden. Der Vorwurf der intellektuellen Mittäterschaft lag demnach in der Luft, sowenig sich damals wie heute diese Anstiftung belegen ließ. Zum anderen glich der Sacco als blindwütige Aktion der ungezügelten Masse zu sehr dem Bauernkrieg, den Luther zwei Jahre zuvor, ungeachtet mancher Sympathie für die Forderungen der Aufständischen, am Ende als Teufelswerk verdammt hatte. Unter diesen Gesichtspunkten war es wohl opportun, von einer publizistischen Auswertung des 6. Mai 1527 Abstand zu nehmen. Luthers erster katholischer Biograph Johannes Cochläus kannte diese Skrupel bezeichnenderweise nicht. In seinen „Kommentaren", die das Wesen der lutherischen Ketzerei als durch Hochmut verursachten Abfall von der in Jahrhunderten gemehrten göttlichen Wahrheit belegen sollen, wird der Sacco di Roma als historischer Beleg aufgeführt. Und zwar dafür, dass die „lutherische Seuche" das einfache Volk der Landsknechte angesteckt und so zur Plünderung angestachelt habe. Wehret der weiteren Ausbreitung, so lautet also die Nutzanwendung, denn Reformation ist Revolution. Völlig geht jedoch auch Cochläus' Sacco-Gleichung nicht auf. Als Deutscher für Deutsche schreibend, kann er sich einer gewissen Genugtuung darüber, dass die sittenlosen Römer, welche die ehrlichen und tumben Deutschen verachteten, so schwer getroffen wurden, nicht völlig enthalten. Und auch der Papst mit seiner antikaiserlichen Politik steht durchaus im Zwielicht. So betrachtet, hat der Sacco als Ermahnung zum konzertierten Handeln gegen die Lutheraner sogar etwas Gutes.

Wo so viele Position bezogen, konnte Erasmus nicht schweigen. 1524 hatte er mit seiner Verteidigung des freien Willens, der den Menschen in Kooperation mit der göttlichen Gnade zum Heil führte, den Zorn Luthers auf sich gezogen und zugleich den Bruch mit der Reformation vollzogen. Sein Unbehagen an den Schriften italienischer Humanisten zu Glauben, Kirche und Papsttum drückte er in verschiedenen Textformen aus. In seiner dreizehn Jahre vor dem Sacco anonym erschienenen Satire zum Tode Julius' II. lässt er den soeben verblichenen Kriegerpapst an der Himmelspforte Einlass begehren, was eine theologische Diskussion mit dem Himmelswächter Petrus nach sich zieht. In ihr offenbart das Haupt der Kirche seine bodenlose theologische Ignoranz und ein haarsträubendes Amtsverständnis: das Papsttum als Lizenz für schrankenlose Machtpolitik einschließlich selbst angeführter Kriegszüge. Schlimmer noch, der Della-Rovere-Papst ist für die Ermahnungen des Amtsbegründers Petrus in keiner Weise zugänglich, ja, er reagiert auf dessen Vorhaltungen nicht nur mit Unverständnis, sondern mit entschiedener Ablehnung: Fürsorge und Fürbitten, Nachtwachen und Tränen, Seelsorge und Selbstaufopferung, das alles passt laut Julius nicht mehr zum Zeitgeist. Die Kurie von heute will Rendite für ihre Ämterkäufe und so viel Lebensgenuss wie möglich. So zieht es der Papst am Ende der Debatte vor, eine neue Hölle bauen zu lassen, statt in den Himmel einzuziehen. Bei aller Freude an der Parodie vermittelt der Text eine ernste Botschaft. Statt Demut und Frömmigkeit herrschen in Rom Selbstverherrlichung und eine Antikenschwärmerei, die hinter aller christlichen Tünche heidnisch ist.

Damit ist der Schlüsselvorwurf ausgesprochen, der Erasmus' Auseinandersetzung mit dem Sacco und die sich daran anschließenden Kontroversen mit italienischen Humanisten leitmotivisch durchzieht. In dieser Anklage der Repaganisierung, der Entchristlichung des Papsttums und der Ewigen Stadt insgesamt, gipfelten schon die Rechtfertigungsschriften des kaiserlichen Hofes. Aber auch katholische Theologen, darunter der Kurie nahestehende, nahmen Anstoß daran, dass die Götter Griechenlands in Wort und Bild nicht nur als Vorläufer, sondern geradezu als Sinnbilder Christi erschienen. Mochten die neuplatonischen Gelehrten und Poeten noch so wortreich betonen, dass das alles nur metaphorische Einkleidung zur höheren Ehre des christlichen Gottes war, ein tiefes Unbehagen an dieser synkretistischen Grundhaltung und ihrer Theorie der schrittweisen Offenbarung vom Beginn der menschlichen Religionsbildung an blieb bestehen.

Ihm verleiht Erasmus durch seine Kritik am Neuheidentum der römischen Humanisten und – weit über deren Elaborate hinaus – der Kurie, ja Roms, seines Lebensstils und seiner Kultur insgesamt Ausdruck. Diese Auseinandersetzung setzt bei der Sprache an. Cicero als Stilvorbild in Ehren, doch was seine Bewunderer südlich der Alpen praktizieren, ist sinnentleerte, sklavische Nachahmung, die formelhaft aufgeblähte, pompöse Texte von stupider Eitelkeit hervorbringt. Sie sind „ciceronianische Affen", weil sie Nach-Äffer sind; als solche produzieren sie Zeichen ohne Sinn, Texte der Veräußerlichung. Veräußerlichung meint, dass die harmonische Verschmelzung von Sinn und Form zugunsten einer einseitigen Virtuosität des Stils aufgebrochen ist. Das Streben nach der dem Inhalt angemessenen Ausdrucksweise ist der Suche nach der geschraubtesten und preziösesten Wendung gewichen. Die Verselbständigung der ausgefeilten Redeweise aber ist eine Abkehr von der *raison d'être* der *studia humanitatis*, die doch durch die Wiederherstellung der Quellen die ursprüngliche Reinheit der Gedanken und der Lebensführung in zeitgemäßer Erneuerung zurückgewinnen sollen.

Schlimmer noch: Da sich Sprache und Moral wechselseitig bedingen, ist im Falle der Ciceronianer genau das Gegenteil eingetreten. Mit ihrer zum Selbstzweck erhobenen, von zahllosen mythologischen Versatzstücken gesättigten Prunkrhetorik hat nicht nur die Metaphorik, sondern auch der Geist der heidnischen Antike, und zwar in seiner abstoßendsten Gestalt, Einzug gehalten. Christliches in heidnische Formeln einzukleiden, ist kein unschuldiges Spiel der Rhetorik, sondern heißt vermischen, was nicht zusammengehört. Auf diese Unvereinbarkeit läuft die ganze Argumentation hinaus. Der römische Sündenfall besteht für Erasmus nicht in gelegentlichen Grenzüberschreitungen, sondern in der Aufhebung einer Grenze: zwischen profan und sakral, dem Kult der olympischen Götter und der Verehrung des dreieinigen Gottes. Der christliche Umgang mit den Zeugnissen des heidnischen Altertums setzt gewiss nicht deren Zerstörung voraus, wohl aber das stets wache Bewusstsein des unüberbrückbar Trennenden. So hat der Aneignung, welche das Sprach- und Denkvermögen schult, die Abstoßung vorauszugehen. Sie gebietet es, die verführerischen, doch in die wahnhafte Selbstvergöttlichung des Menschen führenden Gedanken der nichtchristlichen Philosophen zu überwinden, um sie in Freiheit zu beherrschen.

Der veräußerlichte Romkult der Ciceronianer aber hat für Erasmus Selbsttäuschungen tragikomischer Natur zur Folge. Wer von Karl V. als

18. *Rom als Fundort der scheußlichsten Monster und Mischkreaturen – der (angeblich 1496 aus dem Tiber gezogene) „Papstesel", den Lucas Cranach d. Ä. hier vor Augen führt, steht für den Papst als Antichristen und damit für Luthers antirömische Polemik.*

Cäsar und vom Kardinalskollegium als Senat spricht und schreibt, verwechselt die Gegenwart mit der Vergangenheit und wird unzeitgemäß. Ja, die römischen Antikenschwärmer wiegen sich in der fatalen Illusion, dass das Rom der Gegenwart dem der Catos und Scipionen gleich geblieben sei. In dieser Hinsicht bedeutet der Sacco – diese Schlussfolgerung drängt sich dem Leser des Jahres 1528 auf – ein ebenso böses wie potentiell heilsames Erwachen. Die Erstürmung der Stadt durch die Landsknechte hat mit aller Brutalität die Augen für den Wandel geöffnet, der sich im Laufe der Jahrhunderte ereignet hat. Und eine böse Analogie scheint dadurch auf – so, wie die wilden Söldner die Stadt schänden, so hat diese zuvor das

Christentum profaniert. Gleiches wird also mit Gleichem vergolten. Der Irrtum der Ciceronianer aber besteht darin, Kultur und Religion gleichzusetzen. Der ungehemmte Kult der Antike ist zugleich unfruchtbar und unheilvoll, weil er die ein für alle Mal abgetane Vergangenheit in gewandelte Zeitverhältnisse übertragen und somit künstlich wiederbeleben will. Auf der anderen Seite aber wird das Urchristentum sehr wohl zum Modell der Erneuerung für eine sich in Nichtigkeiten erschöpfende Gegenwart. Doch war auch hier nicht die blinde Nachahmung äußerer Formen, sondern die zeitgemäße Wiederbelebung der urchristlichen Tugenden gefordert.

Das ließ sich auch als Kritik an der Reformation verstehen, von der sich Erasmus aufgrund der unvereinbaren Auffassungen vom Menschen, der Freiheit seines Willens, des Werts der Kultur und des Wesens der Gnade abgewandt hatte. Und in der Tat zielt die harte Kritik an der Entchristlichung der humanistischen Kultur in Italien, sosehr sie auch unterschwellig von nationalen Ausgrenzungs-Stereotypen mitbestimmt ist, nicht auf die Herabwürdigung des Anderen ab, sondern versteht sich als Werbung für ein Reformanliegen im christlich-humanistischen Geiste. Das Papsttum wie die Kirche konnten nur überleben, wenn sie sich durch bessere Bildung, höhere Sittlichkeit und Rückbesinnung auf ihre wahren Aufgaben erneuerten. Wenn der Sacco dazu beitrug, dann hatte die Bestialität der entfesselten Söldner trotz aller beklagenswerten Zerstörung einen Sinn.

Zwei weitere Sacco-Kommentatoren aus dem weitgespannten Korrespondenz- und Freundeskreis des Erasmus stimmen ihm darin zu. Für den Spanier Juan Vives war die Plünderung Roms primär ein Schlag gegen die Anmaßung der Mönche, die als Lebenslehrer auftraten, ohne das Leben zu kennen, und sich erdreisteten, die humanistische Tugendlehre der Nächstenliebe und Duldsamkeit als unchristlich zu verunglimpfen. Auch Vives sah daher im Sacco eine Chance für die Christenheit, zur wahren Christlichkeit zurückzufinden. Thomas More, seines Zeichens Lordkanzler des Königs von England, malte in seinem „Dialog über Ketzerei" die Schandtaten der Landsknechte in den düstersten Farben. Die rasende Soldateska steht exemplarisch für das entfesselte, durch Irrglauben fanatisierte Volk und das, was es anrichtet, wenn ihm pflichtvergessene Mächtige die Zügel schießen lassen.

Das Böse in der Geschichte. Die Historiker und der Sacco

Opfer und Täter, Reformer und Reformatoren, nördliche und italienische Humanisten, Papst und Kaiser hatten bei aller Unterschiedlichkeit der Standpunkte doch eine Gemeinsamkeit: Sie suchten nach dem Willen und der Hand Gottes in der Geschichte der Plünderung. Gewiss traten dabei der menschliche Verursachungs- und der himmlische Bestrafungs-Faktor in sehr verschiedener Gewichtung auf, doch blieb der kausale Bezug zu einer Kraft über dem Menschen stets gewahrt. Ein so ungeheurer Fall der Geschichte schien aus rein irdischen Ursachen nicht erklärlich, ja undenkbar. Aller Polemik von einer entchristlichten Kultur entgegen kam eine Deutung und damit Sinnstiftung der historischen Ereigniskette in den bislang präsentierten Deutungsmustern ohne die Vorstellung, dass Gott eklatante Verstöße gegen seinen Schöpfungsplan durch den Sacco bestrafte, nicht aus. Untrennbar verknüpft damit war die Überzeugung, dass dadurch eine Rückkehr zu approbierten Herrschafts- bzw. Lebensformen einer vorbildlichen Vergangenheit in die Wege geleitet werden sollte. Die Verbesserbarkeit der Welt zeigte sich noch in ihrer Züchtigung.

Und doch wurde auch ein Sacco ohne Gott gedacht. Ohne seinen mahnenden Zeigefinger konnte auskommen, wer wie der Florentiner Goldschmied und Bildhauer Benvenuto Cellini die Katastrophe der Ewigen Stadt als Vergrößerung eines ohnehin schon mächtigen Egos erlebte. Zeuge wurde er, passend zu dieser Sicht der Dinge, vom Logenplatz der Geschichte aus: auf dem Dach der Engelsburg, wo er auf Befehl Clemens' VII. die Geschütze gegen die Angreifer richtete. Der Papst nämlich hat die allseitige Verwendbarkeit des Multi- oder besser: Omnitalents Cellini erkannt, der nicht nur die elegantesten Goldgefäße, Münzen und Medaillen anzufertigen, sondern auch mit unvergleichlicher Virtuosität Kanonen zu bedienen vermochte. So nahm der selbsternannte *uomo virtuoso* schnurstracks den feindlichen Kommandanten Bourbon ins Visier und landete mit unfehlbarer Zielgenauigkeit einen Volltreffer. Dass die Geschütze der Festung aufgrund des Nebels gar nicht feuern konnten und der Herzog nach übereinstimmender Augenzeugenaussage einem Arkebusenschuss von der Mauer zum Opfer fiel, tat nichts zur Sache. Cellini schuf sich eine eigene

Welt mit sich selbst im Zentrum. Diese Selbstschöpfung geschah durch Erinnerung, mehr als dreißig Jahre nach dem Sacco. Der alternde Meister, aufgewachsen in der arkadischen Freiheit einer Zeit, die anarchische Genies wie ihn zu schätzen wusste, konnte auf dem glatten Parkett des herzoglichen Hofes von Florenz nicht Fuß fassen. Er sprach mit Cosimo I., dem fürstlichen Herrn der Stadt und der Toskana, von Gleich zu Gleich, wie es seiner Ansicht nach die Herrscher der guten alten Zeit mit großen Künstlern wie ihm zu tun pflegten: Macht und Geist im innigen Einverständnis, ohne störende Kleingeister und Beckmesser des Hofstaats und der Verwaltung. Doch das sind Illusionen: So war es nie. Und so ist es erst recht nicht. In der höfischen Gesellschaft sind Schmeichelei und Speichelleckerei gefragt.

Dagegen spielte Cellini seinen Sacco di Roma aus, eine seiner stärksten Karten. Was wissen diese aalglatten Höflinge schon von Selbstbehauptung in Zeiten der barbarischen Invasion? Den ganzheitlichen Menschen, wie ihn Leonardo da Vinci und Michelangelo vorgelebt haben, macht nicht lateinisches Wortgeklingel, sondern die kraftvolle Tat aus. Der von göttlicher Schöpferkraft beseelte Künstler ruft Statuen ins Leben, die vollendeter als die Natur selbst sind. Und mit derselben Berechtigung nimmt er denen das Leben, die seiner Entfaltung mit ihren Intrigen entgegenstehen. Das gilt für heimtückische Rivalen und für den Feldherrn der Feinde. Nicht, dass der Künstler, selbst das vollendete Kunstwerk, ihnen das nachträgt. Im Gegenteil: Der Sacco liefert ihm ja erst die Gelegenheit zur Selbstvervollkommnung. In der kolossalen Katastrophe allein kann er seine Allseitigkeit unter Beweis stellen und höchste Ehre erwerben.

Cellini ist kein Einzelfall. Der nostalgische Rückblick auf das Rom vor dem Sacco wird nach der Jahrhundertmitte zu einer Mode alternder Männer, die ihrer verlorenen Jugend und einem angeblichen Goldenen Zeitalter herrlicher Ungehemmtheit nachtrauern. So färbt sich diese „Alt-Siebenundzwanziger"-Perspektive unvermeidlicherweise mit präseniler Lüsternheit ein. Prototypen dieser Literaturgattung sind die Sacco-Texte des vielseitigen Journalisten Pietro Aretino und des Spaniers Francisco Delicado. Dieser entwirft in seinem Prostituierten-Zeit-Roman „Lozana, die Andalusierin" das Bild einer in allen Lebensbereichen käuflichen

Gesellschaft auf der Suche nach dem ultimativen Lusterlebnis. Doch mischt sich in dieses von Libido flirrende Epochentableau noch viel mehr: Bedauern darüber, dass eine zu bacchanalischer Sinnlichkeit zurückgekehrte Daseinsform einer neuen Disziplin der Triebunterdrückung weichen musste – und, bei aller Sehnsucht nach der versunkenen Freiheit der Trieberfüllung, das Unbehagen daran, ja das schlechte Gewissen, sich ausgelebt zu haben.

Von solchen Seitentrieben abgesehen, konzentrierte sich die innerweltliche Deutung des Sacco auf Fragen der Politik und Geschichte. Bei nüchterner Betrachtung der Basisfakten war ein Krieg aus dem Ruder gelaufen. Genauer: Es hatte sich die an sich längst bekannte Tatsache bestätigt, dass die Herrscher der Zeit mit den Mitteln der Zeit Krieg weder zu finanzieren noch zu kontrollieren vermochten. Die Schwäche der Macht bzw. wie sehr moderne Denker zu sagen begannen: des Staates war damit erwiesen. So wurde die Blickrichtung praktischer Staatsklugheit zur Auswertung des Sacco vorgegeben. Was konnte luzider die Regeln des militärischen, diplomatischen und politischen Erfolgs lehren als eine wahre Geschichte, in der alle diese Vorgaben der Vernunft außer Kraft gesetzt worden waren? Mochte ein Machiavelli den Katalog der Erfolgsanweisungen aus dem unaufhaltsamen Siegeszug der römischen Republik zur Weltherrschaft ableiten, der komplette Kollaps aller Herrschaftsrationalität, wie ihn Clemens VII. ganz und gar unfreiwillig demonstrierte, leistete mindestens dasselbe. In diesem Licht bewertete Luigi Guicciardini, der in florentinischen Führungspositionen bewährte ältere Bruder des Historikers, die Ereignisse des Jahres 1527. Sein ausführlicher, durch Genauigkeit der Fakten und Schärfe der Reflexion herausragender Bericht ist aus gutem Grund dem seit Januar 1537 in Florenz regierenden jungen Herzog Cosimo de' Medici gewidmet: Er präsentiert sich als ein Fürstenspiegel, der dadurch zu kluger Politik zu erziehen versucht, dass er von ungeheuerlichem Fehlgebrauch der Macht kündet. Dabei hatten die Brüder Guicciardini als herausragende Vertreter ihrer politischen Klasse ausgeprägte Eigeninteressen: Der junge Fürst sollte so instruiert werden, dass er im Einvernehmen mit dem republikanischen Patriziat, ja möglichst als dessen verlängerter Arm herrschen würde. Unter diesem Aspekt war Luigi Guicciardinis Darstellung des Jah-

19. *Freundlicher als Cranach, doch in einem nicht minder legendären Zusammenhang zeigt der Venezianer Vittore Carpaccio die unverwechselbare römische „Cityline". Die Begegnung der hl. Ursula mit dem Papst malt er vor der Engelsburg, dem seit dem Sacco für die Päpste traumatisch besetzten Ort.*

res 1527 ein Misserfolg – Cosimo wusste sich rasch und auf Dauer von der Vormundschaft der alten Elite zu befreien.

Darüber hinaus hatte die Erzählung von einem Medici-Papst und einem Medici-General für einen noch auszubildenden Medici-Fürsten noch mancherlei direkte Bezüge aufzuweisen. Immerhin war Giovanni delle Bande Nere, der zu früh gefallene Feldherr in den Diensten des Papstes, Cosimos Vater. Seine Apologie ist also zugleich Fürstenlob. Heikler sah es mit Clemens VII., dem mächtigen Verwandten aus der ungeliebten Hauptlinie des Hauses, aus. Die Erinnerung an den seit drei Jahren Verstorbenen musste negativ eingefärbt werden, und zwar gründlich. Schon in der Vorrede wird eine Hauptlehre aus dieser größten Katastrophe der Welt proklamiert: wie verhängnisvoll die Herrschaft der heutigen Geistlichen für die Völker ist. Prälaten sind habgierig, geizig, ehrgeizig und faul. Die Nutzanwendung für den jungen Fürsten war eindeutig: Halte dich von den römischen Einflüsterungen fern! Nicht minder präzise das Gegenstück dazu: Halte dich an den Kaiser, den Herrn der Welt und der Geschichte! Abstand auch von Frankreich – dessen Monarch brachte sich schließlich durch Betrug selbst in Gefangenschaft. Den Schweizern sollte der kluge Fürst gleichfalls nicht vertrauen; so tapfer sie auch kämpften, so wurden sie doch von der Gier nach Geld und Vornehmheit, den Instinkten des niederen Volkes, angetrieben.

Dem Fürsten die Augen für die Gesetze der Politik zu öffnen – das hieß vor allem, sein Gespür für den Schein als Instrument der Politik zu schärfen. Luigi Guicciardinis meisterhaft erzählte Sacco-Geschichte versteht sich als ein Text der systematischen Demaskierung. Selten genug sind die Dinge so, wie sie zu sein scheinen. Verrat aber lauert überall. Die Liga ist von Anfang an ein Lehrstück des Betrugs. In ihr spielt der Herzog von Urbino die Haupt- und das heißt: Schurkenrolle. Unfassbar aber bleibt, dass Clemens VII. diese Täuschung nicht durchschaute. Sein Part ist der des tumben Toren. Seine fehlgeleiteten Aktionen lehren gegenbildlich, wie sich der kluge Herrscher richtig zu verhalten hat. Er hat klugen Rat anzunehmen, anstatt sich von verfeindeten Ratgebern hin und her zerren zu lassen. Nach eingehender Abwägung muss er zum einmal gefassten Entschluss stehen, anstatt ihn anzuzweifeln. Er hat jederzeit mit der Doppelzüngigkeit anderer Mächtiger zu rechnen, anstatt Einzelnen unter ihnen blind zu vertrauen, sowie rechtzeitig Vorsorge für den schlimmsten aller denkbaren Fälle zu treffen, anstatt auf den günstigsten Ausgang zu hoffen. Am wichtigsten aber ist die Unterweisung in der richtig angewandten Staatsräson. Zum Metier der Politik, wie sie in dieser unvollkommenen Welt nun einmal ist, gehört – mögen fromme Gemüter auch die Hände ringen – die Fähigkeit zum Doppelspiel, ja zur pragmatischen Doppelzüngigkeit. Die anderen machen es ja auch so; wer als Einziger nach den verbrieften Regeln der Kirche in Staatsdingen moralisch einwandfrei agieren will, geht unter. Doch auch das richtige Täuschen will gelernt sein. Erste Regel: nur zum eigenen Vorteil. Zweite Regel: mit Augenmaß, und zwar so, dass das Vertrauen der eigenen Verbündeten nicht untergraben wird. Dritte Regel: ohne sich im Gespinst der eigenen Lügen zu verfangen. Vierte Regel: ohne den Lügen der anderen zu glauben. All das macht Clemens VII. so falsch wie nur irgend möglich. Beherzigt man diese Vorsichtsmaßnahmen, dann wird es keinen zweiten Sacco geben bzw. dieser wird andere treffen. Das ist angewandte *historia magistra vitae*, Geschichte als Lehrmeisterin des Lebens. Politik aber muss die Sache weniger Eingeweihter sein, keineswegs darf das Volk über sie entscheiden. Auch das ist eine Kernlektion des Sacco. Gleich zweimal nämlich tritt die Zerstörungskraft der entfesselten Masse hervor: bei der Plünderung in den Straßen Roms, aber auch beim Sturz der Medici-Herrschaft in Florenz kurz darauf. Das Volk an der Macht, noch schlimmer: das Volk an der Macht und in Waffen bedeutet Anarchie, Chaos, Verfolgung der Elite, Neid, soziale Revolution, Umkehrung aller Werte. Am unberechenbarsten aber ist die Masse, wenn sie auch noch religiös fanatisiert ist.

Das ist viel praktische Klugheitslehre auf einmal. Und die höhere Moral, jenseits aller Staatsräson? Wer anno 1527 die Zeichen nicht sieht, ist verblendet. An dieser Wand steht nicht *ein* Menetekel, sondern mindestens ein Dutzend. Ein Heerführer, dem Clemens VII. immer noch Teile seines angestammten Herrschaftsgebietes schuldet und überdies in den militärischen Ausstand tritt – das allein hätte ausreichen müssen, um die nötigen Schlussfolgerungen zu ziehen. Dazu kommen für diejenigen, die politisch ignorant, aber gläubig sind, die Zeichen des Himmels. Ein

Blitz reißt der Madonnenstatue in der Kirche S. Maria della Traspontina das Jesuskind aus den Armen – und genau um diese Kirche wird in den Morgenstunden des 6. Mai der Kampf im Borgo toben. So bleibt nur eine Erklärung: Das Herz der Schreiber und Pharisäer – die nicht gerade schmeichelhafte Bezeichnung für Kurie und Klerus – war in dieser Stadt verhärtet, als Strafe dafür, dass sie sich der Wollust, der Habgier und dem Ehrgeiz ergeben hatten.

Doch das Motiv der Gottesstrafe bleibt marginal, ein konventionelles Zugeständnis an den gängigen Deutungsgeschmack. Die eigentlichen Ursachen des Sacco sind irdisch. Clemens hat die Gesetze der Klientel verletzt. Er schuldete wie sein Vetter Leo X. dem Herzog von Urbino Gegenleistungen für die in Zeiten der Not empfangenen Wohltaten; beide haben somit die Regel der Gegenseitigkeit, auf der alle soziale Ordnung beruht, schnöde verletzt. Sie vor allem wird dem jungen Fürsten ins Stammbuch geschrieben. Auch der Mächtige darf nie vergessen, wem er Förderung und damit seine Größe verdankt. Undank aber verdient Unheil. Hätte der Sacco – so die kühne Konsequenz – nur den Papst und seine verantwortungslosen Ratgeber getroffen, Della Roveres Rache wäre angemessen, ja gerecht gewesen. Möge Cosimo daraus die Tugend der Tugenden schlechthin, *prudenza*, d. h. Vorsicht, Augenmaß, Rücksichtnahme lernen.

Für Luigis jüngeren Bruder Francesco Guicciardini war der Sacco die Urkatastrophe schlechthin. Er fiel zwar nicht den plündernden Horden am Tiber in die Hände, hatte aber die Folgen in Florenz zu tragen. Unter dem radikal-republikanischen Regime, das sich im Geiste des 1498 verbrannten Propheten Savonarola von Gott dazu berufen glaubte, die selige Endzeit auf Erden herbeizuführen, wurde er zuerst Persona non grata und dann der politische Hauptverdächtige Nummer eins, als führender Gefolgsmann der Medici, Generalkapitän des Papstes, mit einem Wort: als Volksfeind. Das war schlimm genug, doch quälender noch waren die eigenen Zweifel: an der eigenen Rolle und darüber hinaus an der Geschichte. Was seinen Part in diesem ungeheuren Drama betraf, so legte Guicciardini sich in schriftlicher Form Rechenschaft ab. In einer Anklagerede gegen sich selbst trug er alle Argumente zusammen, die in den Augen der anderen gegen ihn sprachen. Und das waren erschreckend viele; ja, zusammengenommen hätten sie jedes Tribunal von der Schuld des Angeklagten überzeugt. Gegen ihn sprach der schiere Augenschein: Ein Generalkommissar, dessen Truppen nicht kämpften, musste mit Verrätern unter einer Decke stecken. Der Fall war klar: Er hatte die Sold- und Verpflegungsgelder in die eigene Tasche abgezweigt, um vom Ruin gleich zweier Städte, Florenz und Rom, zu profitieren. Ob bewusst oder nicht, der Diskurs des fiktiven Staatsanwalts in Sachen Sacco-Verantwortlichkeit entwickelt einen Überredungs-Sog, dem man sich schwer entziehen kann. Alles scheint so eindeutig. Doch natürlich ist die Wahrheit ganz anders. Die auf die Vorwürfe entgegnende Verteidigungsrede deckt auf, was wirklich geschah: die ungeheuerliche Vertrauensseligkeit Clemens' VII. zur falschen Zeit und den falschen Personen gegenüber, die eigennützigen Machenschaften der Liga, den Verrat Della Roveres. Die Lektion für den Historiker, die daraus resultiert, trägt weit: Die Menschen haben alle ihre eigene Wahrheit; diese beruht auf Vorurteil, Voreingenommenheit und Augenzeugenschaft, also bloßem Schein. Nichts ist so trügerisch wie die scheinbar unwiderleglichen Fakten allein. Ein Historiker, der nur Quellen sprechen lässt, irrt; die wahre Kunst der Geschichte ist, sie zu erklären.

Diese Deutung unternahm Guicciardini in den sieben letzten Jahren seines Lebens. Cosimo, der Herzog der Republik Florenz, ist den Ratschlägen seines Bruders nicht gefolgt. Er hat nicht nur das „Republik" aus seinem seltsamen Titel gestrichen, sondern Florenz zu einem Prinzipat gemacht, in dem der Fürst die oberste Macht alleine ausübt. Gewiss, für die alte Elite bleibt eine Menge übrig: die führenden Ämter in Justiz und Verwaltung, staatliches Einkommen und sozialer Einfluss. Und es kommt sogar etwas dazu: Adelstitel und Vornehmheit am Hof. Doch Geschichte machen kann der Patrizier Guicciardini nicht mehr. Auch daher schreibt er sie jetzt. Vor allem aber wird er zum Historiker, um den Weg in die Katastrophe durch die Einbeziehung aller Fakten, auch der scheinbar nebensächlichsten, zu verstehen. Die Katastrophe: Das ist jetzt nicht der Sacco allein, sondern der Abstieg Italiens aus der einst so stolzen Selbstbestimmung in den Abgrund des Bedeutungs- und Autonomieverlusts, wie er sich in den Kriegen der Großmächte um Mailand und Neapel ab 1494 manifestiert. Die Plünderung Roms ist, so betrachtet, nur noch ein Symptom dieser Krise, allerdings ein bedeutsames und vor allem selbst erlebtes. Als solches wird der Sacco zum Anstoß dafür, sich von der Gegenwart ab- und der Geschichte zuzuwenden. In ihr aber entschädigt sich der Historiker Guicciardini für den Verlust der Politik auf das fürstlichste. Er gewinnt die Deutungshoheit über die Vergangenheit und damit eine Macht, die er in den Diensten der Medici nie besessen hat. Will er diesem Amt gerecht werden, so muss er auch das Unfassbare restlos erklären können. Und dazu gehört wiederum die eigene Rolle. Selbst wenn alle Anklagen durch die Rückführung der Medici nach Florenz im Sommer 1530 vom Tisch sind – Guicciardini hatte die Liga von Cognac befürwortet. Wie konnte er?

Eine erste Antwort besagte, dass die Liga allein kein Fehler sein musste. Sie bot Handlungschancen in Hülle und Fülle, denn die Geschichte blieb nach dem 22. Mai 1526 offen. Dass sich die Freiräume und Perspektiven dann zunehmend verengten, war nicht vorhersehbar. Tausend Umstände und Zufälle trugen dazu bei, vor allem aber die Psyche Clemens' VII. Niemand konnte wissen, dass der bewährte Kardinal Giulio de' Medici als Papst eine so selbstzerstörerische Politik betreiben würde. Erkenntnis lässt sich immer nur im Nachhinein gewinnen, das Auge des Historikers schaut nicht in die Zukunft, sondern nur auf die Vergangenheit. Der Blick nach vorn ist ihm versperrt, weil eine Macht am Werk ist, die noch niemand ergründet hat: Wandel. Das Bild der Fortuna, des unberechenbaren Glücks, entspricht seinem Wesen nicht wirklich. Wandel vollzieht sich nicht launenhaft-kapriziös; die Kräfte, die ihn bestimmen, lassen sich erfassen, wenn er sich ereignet hat. Wohin er führt aber bleibt offen. Sicher ist allein, dass Wandel nicht, wie Machiavelli glaubte, zurückführt. Geschichte vollzieht keine Kreisbahn, sie ist eine Linie, die ins Unbekannte führt. Sie kann nach unten zeigen wie im Fall Italiens. Die Regeneration im Jungbrunnen der Klugheitsregeln, die der Historiker den Mächtigen aus der Vergangenheit zu gewinnen verspricht, aber ist ausgeschlossen. Ja, diese Verheißung ist Anmaßung und Lüge zugleich. Die Geschichte bietet keine Lehren für die Gegenwart oder Zukunft, sondern nur Erkenntnis für den Historiker, der danach fragt, warum sie sich so und nicht anders ereignet hat. Der humanistische Rom-Kult bricht so in sich zusammen. Was soll an diesem gewalttätigen und korrupten Staatswesen vorbildlich gewesen sein? Heu-

20. *Die Ansicht Roms aus der Schedel'schen „Weltchronik" von 1493 gibt in noch recht naiver Topographie einen Eindruck von der Stadt am Ende des Mittelalters.*

tige Staaten nach altrömischen Regeln zu regieren heißt, einem Esel die Gangart des Pferdes beibringen zu wollen.

Aus dieser Einsicht entspringen eine neue Aufgabe der Geschichte und eine neue Würde für den Historiker. Er ist Zeitzeuge im totalen Sinn des Wortes. Er hat festzuhalten, was flüchtig ist, aber gerade dadurch die Eigentümlichkeit einer Zeit ausmacht: Geschmack im wörtlichen wie übertragenen Sinne, was man isst und wie man sich kleidet, wie man spricht (auch Sprache wandelt sich), wie man regiert und was man glaubt. Ja, selbst die Religion ist dem Wandel unterworfen. Dasselbe gilt für die Moral, den Maßstab für Gut und Böse. Das belegt die Geschichte des Christentums.

Von Kaiser Konstantin aus der Obskurität gerissen, um daraus eine für die Stärkung seiner Herrschaft nützliche Institution zu machen, verkehrt sich das Papsttum und mit ihm die christliche Religion im Laufe der Geschichte ins schiere Gegenteil. An die Stelle von Verzicht, Sanftmut, Demut und Askese ist der ungehemmte Wille zur weltlichen Macht getreten; zudem erzeugt der päpstliche Nepotismus unaufhörliche Kriege in Italien und trägt so entscheidend dazu bei, das blühende Land ins Verderben zu stürzen. Bestürzender noch als diese Entwicklung sind die Ursachen, die sie vorantreiben. Das Papsttum ist ja gerade durch seine Weltabgewandtheit zur Weltherrschaft aufgestiegen. Gutes verwandelt sich also mit innerer Notwendigkeit in Böses.

Eine Rechtfertigung für die Mächtigen der Gegenwart ist die Offenheit der Geschichte jedoch nicht. Im Gegenteil: Auch wenn man aus der Vergangenheit keine Erfolgsregeln für Gegenwart und Zukunft gewinnen kann, einige allgemeine Wahrheiten offenbart sie dennoch. Geschichte wird von Menschen gemacht, Gott ist in ihr nicht nachweisbar, mögen sich auch alle widerstreitenden Seiten auf seinen Zeigefinger berufen. Dem Menschen ist es nicht gegeben, Übernatürliches zu erkennen; angebliche Wunder ließen sich, hätte man nur die entsprechende Kenntnis der Natur, aus deren Beschaffenheit erklären. Und noch etwas bietet die Analyse der Vergangenheit der Gegenwart: die Mahnung zur Vorsicht. Das ist kein Widerspruch zur Lehre, dass es keine Lehre aus der Geschichte gibt. Gerade weil sich die Geschichte aus unzähligen Klein-Kausalitäten zusammensetzt, deren Konsequenzen niemand abschätzen kann, da niemand die Ziele, Pläne und Ängste aller Akteure überblickt, gerade weil Geschichte also nicht rational planbar ist, gilt für die Mächtigen das Gesetz der Selbstzügelung, der Selbstkontrolle, ja des Misstrauens in eigener Sache. Das ist kein Votum für Passivität um jeden Preis. Die richtig verstandene Vorsicht kann auch im entschlossenen Handeln bestehen, zu dem Guicciardini, der Truppenkommissar, im Frühjahr 1527 rät. Immer aber ist beim eigenen Handeln davon auszugehen, dass die Folgen nie völlig abschätzbar sind. Damit ist Clemens' Politik des Vor und Zurück nicht gerechtfertigt. Ein tieferes Verständnis für dessen unheilvoll zögerliche Natur allerdings kann Guicciardini bei aller Kritik nicht völlig verhehlen. Wer in die Geschichte blickt, sieht in einen Abgrund. Das gilt auch für den handelnden Staatsmann. Dieser aber muss den Schauder überwinden. Und im Bewusstsein der Unvorhersehbarkeit kraftvoll handeln.

Clemens VII. ist das eine Extrem, die übrigen europäischen Herrscher verkörpern das andere. Sie sind verblendet vom Trieb der Macht, den sie hinter wohltönenden Phrasen verbergen. Die Erfahrung des Sacco di Roma lehrt Guicciardini die Kunst der Demaskierung zu verfeinern, die er schon vorher weit ausgebildet hatte. Die Geschichte Europas zwischen 1490 und 1535 ist ein Maskenball, auf dem die Mächtigen die Larven der Frömmigkeit tragen, doch wie reißende Wölfe agieren. Die Gemengelagen der europäischen Politik sind von sich wechselseitig blockierenden Täuschungsmanövern erzeugt, die dann besonders verhängnisvoll ausfallen, wenn sich die Protagonisten selbst belügen. Und das kommt nicht nur im Falle Clemens' VII. vor – der Mensch ist so beschaffen, dass er sich über sich selbst permanent in Illusionen wiegt. Nur der Historiker vermag diese als solche zu erkennen.

Die Heillosigkeit einer zur Erlösung unfähigen Welt ist ebenfalls das Leitmotiv in Francesco Vettoris Nachdenken über den Sacco. Auch ihn hat die große Plünderung des Jahres 1527 zum Historiker gemacht. Denn auch ihn treibt die Frage an, wie die Katastrophe möglich wurde. Seiner eigenen Art, vergangener Wirklichkeit nachzuspüren, gemäß behandelt er die historischen Ereignisse auf zweierlei Weise: einmal im knappen Kompendium der italienischen Geschichte von 1512 bis 1527, zum anderen in einem Dialog über den Sacco di Roma. Dieser ist historischer Abriss, geschichtsphilosophische Erörterung und literarische Fiktion zugleich und bildet so eine eigene Textgattung. In beide Abhandlungen bringt Vettori die Nähe des politisch Handelnden zu den Ereignissen ein; wie Guicciardini ist auch er ein Akteur in herausgehobener Stellung, doch ohne eigene Macht und daher mit begrenztem Handlungsspielraum. Vorausgegangen sind diesen beiden Hauptwerken der Briefwechsel mit Machiavelli und eine „Reise nach Deutschland". Eine Gesandtschaftsreise zu Kaiser Maximilian hat Vettori in den Jahren 1507 bis 1509 tatsächlich unternommen. Doch sein Text ist kein einfacher Reisebericht, sondern vielfältig gebrochen, ja verfremdet. In Dutzenden auf den ersten Blick komischer bzw. frivoler Geschichten – al-

lesamt frei erfunden, doch mit dem Authentizitätssiegel des „selbst erlebt"
erzählt – spielt sich der brutale Existenzkampf des Menschen in ebenso
absonderlichen wie schauerlichen Episoden des „Fressen oder Gefressen-
werdens" ab. Alle Herrschaft, einerlei ob monarchisch oder republika-
nisch, ist systematische Ausbeutung der vielen durch die wenigen; Moral
und Religion sind die Erfindung der Unterdrücker, die damit ihre eigennützigen Bestrebungen verbergen wollen. Das Leben ist ein Überlebens-
Spiel, in dem nur die Dreisten und Starken, nicht aber die Frommen und
Schwachen eine Chance haben. Trost in welcher Form auch immer aber
wird nicht gespendet – kein Silberstreif erscheint am Horizont. Gott und
die Natur haben die Welt so und nicht anders gewollt. Sie wollen offenbar,
dass der Mensch durch den steten Kampf ums Dasein gewitzt werde. Auf
mehr Metaphysik lässt sich Vettori nicht ein. Und die wenigen Sätze zu den
Mächten, die die Welt so geschaffen oder zumindest geformt haben, sind
kryptisch. Sie deuten ein Spektrum gleichermaßen unheimlicher Varianten
an: dass die Welt vom Bösen stammt bzw. in dessen Hände überging.

Christus jedenfalls ist ohnmächtig; wer ihm nachfolgt, geht unter. Deshalb hat es auch nie eine christliche Kirche gegeben. Was die Mönche und
die Päpste lehren, ist das genaue Gegenteil davon. Hat sich die christliche
Offenbarung und Erlösungslehre angesichts der menschlichen Lebens-
wirklichkeit von selbst erledigt, so entspringt aus der Betrachtung dieser
unseligen Weltzustände doch ein Mitleid, das seine fernen christlichen Ur-
sprünge nicht verleugnet. Die Kleinen müssen sich gegen die andauernde
Erpressung und Vergewaltigung durch die Großen zur Wehr setzen; ihnen kann man Lug und Trug als Notwehrmaßnahmen kaum negativ an-
rechnen. Wohl aber den Herrschenden. Denn diese sind Profiteure eines
schuldhaften Systems. Ob ein Herrscher persönlich milde oder grausam
regiert, ändert nicht das Geringste daran, dass die Ausübung seiner Macht
grundsätzlich ungerecht ist, nämlich eine schmale Elite begünstigt und
die große Masse benachteiligt. Höchstens lassen sich die extremen Härten
einer unaufhebbaren Ungleichheit mildern. Der Einzelne folgt notwen-
digerweise seinen Eigeninteressen, um nicht unterzugehen. Wenn er in
öffentlichen Funktionen dazu beiträgt, das Los der Masse zu lindern, ist
das Maximum dessen erreicht, was Politik bewirken kann. Alles Grübeln

über die beste Republik oder die perfekte Monarchie reduziert sich auf die Herbeiführung des kleinsten möglichen Übels.

In diesem Licht wird der Sacco di Roma zum Sinnbild des menschlichen Lebens und des Staates allgemein. Die deutschen Landsknechte und spanischen Söldner gehen dabei nur offener, weniger durch ideologische Nebelwände gedeckt, vor als die Mächtigen gemeinhin. Ja, die Plünderer sind geradezu vollendete Verkörperungen des *homo politicus*, des Menschentyps, der in die Ämter drängt; dieser ist in allen Zeiten und Staaten durch Unfähigkeit zu einem anständigen bürgerlichen Erwerbsberuf, Neid auf die Talentvolleren, ungebremsten Ehrgeiz, mehr zu sein, als ihm beschieden ist, sowie durch Gier, Opportunismus und Wortbrüchigkeit gekennzeichnet. Im Unterschied dazu sind die Plünderer des Jahres 1527 dadurch entschuldigt, dass sie selber Getriebene sind: Von Kälte geschüttelt, von Hunger gepeinigt, von den Mächtigen gehetzt rauben sie, um nicht unterzugehen. Das macht sie auch für Vettori nicht liebenswert, doch zu einem faszinierenden Objekt der Menschenkunde. Obwohl selbst dem Schrecken des Sacco entronnen, versetzt sich der florentinische Patrizier mit ausgeprägter Einbildungs- und Einfühlungskraft in die traumatische Situation der Abhängigkeit, wie sie die Eroberung der Ewigen Stadt für deren Einwohner mit einem Schlag herbeiführte.

Einer der beiden Sprecher des Dialogs erzählt seine Geschichte: Um sich vor den Schikanen der Söldner zu schützen, behauptet er, an Pest erkrankt zu sein. Die Landsknechte schrecken aus Angst vor Ansteckung vor der Plünderung zurück, doch behalten sie den angeblich Moribunden im Auge. Ja, bald darauf schicken sie ihm einen deutschen Arzt, dessen Diagnose die Situation in der Schwebe lässt: krank, ja, aber heilbar. Das ist Gefälligkeit und Erpressung zugleich – der Medicus will Geld. Als auch die Landsknechte die Geschichte von der Seuche nicht mehr glauben, lässt der von allen Seiten Bedrängte die geforderten 300 Dukaten aus Tivoli beschaffen, um Zeit zu gewinnen. Doch die Frist läuft ab. Am Ende steht die Flucht, zusammen mit einem treuen deutschen Diener. Auf dem mühsamen Weg stirbt dieser an der Pest. Sein Herr kann sich in die Toskana retten, wo alle ihn für tot hielten und niemand auf ihn gewartet hat. Mit Mühe kann er sich einen Teil seines Besitzes sichern. Dort will er den Rest seiner Tage leben, ohne nachdenken zu müssen. Eine verdichtetere Parabel des Sacco als Gleichnis der menschlichen Daseinsform ist kaum denkbar – die Wirklichkeit ist so unwirklich, dass sie nur in der Form der Fiktion fassbar wird. Sie vereint viele Motive zu einem neuen Ganzen. Der Erzähler wird, der Not gehorchend, gewitzt, doch das reicht nicht aus – auch die anderen sind listenreich geworden. Täuschung trifft auf Gegentäuschung und so weiter; am Ende aber gibt es nur Betrogene. Und die Ernüchterung hält bis zum Ende an; auch die geglückte Flucht bringt keine Erlösung, sondern nur eine Minderung des Elends. Mehr ist auf dieser Welt nicht möglich.

Doch wer oder was bestimmt ihren Lauf? Über weite Strecken ist Vettoris Abhandlung über den Sacco di Roma eine geschichtsphilosophische Erörterung am Beispiel der Päpste. Dabei stellt sich ein ebenso einfaches wie bestürzendes Erfolgsgesetz heraus: Alle Nachfolger Petri, die das Spiel der Welt spielten, also täuschten, logen und trogen, regieren erfolgreich und sterben mit sich, der Welt und Gott versöhnt. Das gilt für Sixtus IV. mit seinen zahlreichen Nepoten und mindestens ebenso sehr für Leo X., den Lebensgenießer und brutalen Machtpolitiker zugleich. Nur Clemens VII., der Einzige, der die Sittenlosigkeit des römischen Hofes missbilligt und sich so lange weigert, Kardinalate zu verkaufen, steuert unweigerlich in die Katastrophe. Der Sacco di Roma bringt es also endgültig an den Tag: Wer auch immer die Geschicke der Welt lenkt, er belohnt die Bösen. Der reale, in Florenz politisch tätige Vettori zog daraus den Ergänzungsschluss: Politik zu gestalten, die das Schlimmste verhinderte. Als Chefratgeber der jungen Medici-Monarchie entwarf er ein Herrschaftssystem, das in den Grundzügen zweihundert Jahre lang Bestand haben sollte. Sein Verteilungsschlüssel lautete: die oberste Macht in Diplomatie, Militär und Auswahl des Führungspersonals für den Fürsten, der auch die uneingeschränkte Propaganda- und Verherrlichungshoheit besitzt; die einflussreichen Positionen darunter für die alte Elite. Und dazu eine milde Justiz, die dem einfachen Volk so viel Freiraum wie möglich lässt. Aus der Erfahrung des Sacco erwächst so am Ende eine ebenso vernetzte wie stabile Herrschaft. Und der Aufruf zur Milde.

Die Erinnerung an den Sacco lebt bis heute fort. Wie jede Form des Gedächtnisses hat sie sich mit der Erfahrung der darauf folgenden Geschichte stets aufs Neue vermischt. Die große Plünderung des Jahres 1527 wird in dieser Perspektive zur Vorstufe späterer Ereignisse, zum Fanal und zur Warnung. Für den preußischen Historiker Ferdinand Gregorovius etwa, den Historiker der Stadt Rom im Mittelalter, präsentierte sich der 6. Mai 1527 als kurzfristige Vorwegnahme selbsterlebter Zeitgeschichte, nämlich der Eroberung Roms durch das Königreich Italien am 21. September 1870: Für ihn kam spät, aber unerbittlich und unvermeidlich, was kommen musste: der Untergang der weltlichen Papstherrschaft im Zeichen der Moderne und ihrer Rationalität. Mit den Gräueln der nationalsozialistischen Terrorherrschaft, die auch Rom zu spüren bekam, gewann die grausame Herrschaft der Landsknechte schließlich in neuer und zugleich sehr alter Weise Exempel-, ja Gleichnischarakter: als Beleg dafür, dass aller zivilisatorische Fortschritt die zerstörerischen Kräfte der deutschen Nation nicht zu unterdrücken vermochte. Tapferkeit und Tüchtigkeit im Dienst des Schreckens und der Grausamkeit, 1527 wie 1944. In gedruckten Reiseführern aller Niveaugrade, in Touristenvideos und Audioguides aller Couleur hat der Sacco di Roma so seinen Stellenwert, und zwar wie gehabt zutiefst ambivalent: als Bestätigung für die Aktualität von Nationalcharakter, wie er sich in der Geschichte manifestiert, doch auch als Aufruf zu einem friedlichen Miteinander und europäischer Solidarität.

21. *Vergleicht man Ugo Pinards Rom-Ansicht von 1555 mit dem Holzschnitt von 1493, so wird nicht nur ein Stilwandel, sondern auch ein Stadtwandel deutlich: Aus der unbeholfenen Stadt-Topographie ist eine Metropole aus der Vogelschau geworden: gestaltbar und beherrschbar zugleich. Nach 28 Jahren hat Rom den Sacco weiter hinter sich gelassen, als es der reine Zeitabstand anzeigt – die Spuren der Zerstörung sind ausgelöscht und Michelangelo Buonarroti hat die Baustelle von St. Peter (am linken Bildrand) aus dem Dornröschenschlaf gerissen. Trotz starken Bevölkerungswachstums aber bleiben die südlichen Teile der ummauerten Stadtfläche unbebaut; wie steinerne Inseln ragen Santa Maria Maggiore und die Lateranbasilika aus dem Meer der Gärten und Weinberge.*

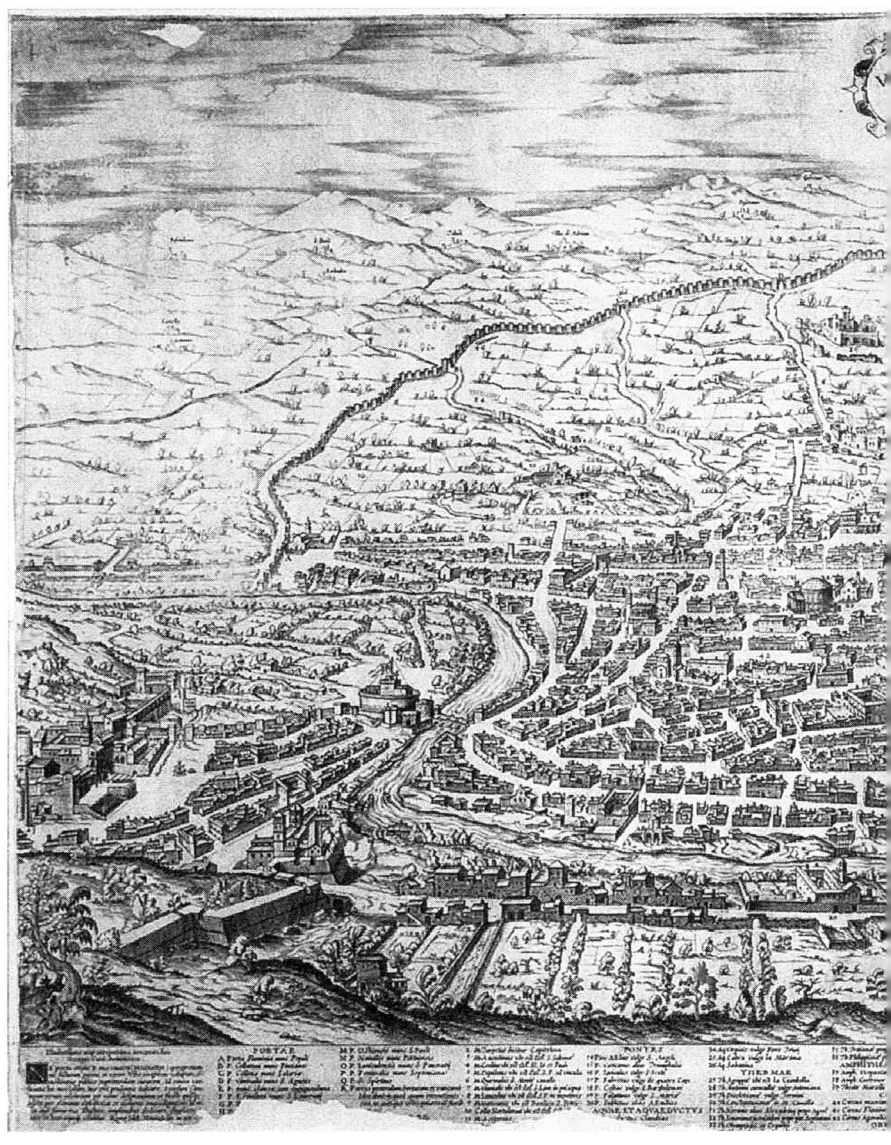

Kommentierte Bibliographie

Die Zitate im Text sind entnommen aus:
Alberini: Marcello Alberini, Il libro delli ricordi et spese (hg. Domenico Orano), Roma 1901.
Gumppenberg: Ferdinand Gregorovius, Gumppenbergs Bericht vom Sacco di Roma, in: ders., Kleine Schriften zur Geschichte und Cultur, Leipzig 1887, S.182–264: ediert und kommentiert im Stile der Geschichte Roms im Mittelalter.
Schertlin: Sebastian Schertlin von Burtenbach, Leben und Taten des weiland wohledeln Ritters Sebastian Schertlin von Burtenbach, durch ihn selbst deutsch beschrieben (hg. Engelbert Hegaur), München o.J.

Zum Forschungsstand

Die neuere Forschung zum Sacco und seinen Folgen ist nicht allzu umfangreich. Größeres Interesse findet das Thema aus naheliegenden Gründen in einer Grauzone zwischen Wissenschaft auf der einen und Sensationsreportage bzw. Roman auf der anderen Seite; charakteristisch für solche Vermischungen: Antonio di Pierro, Il sacco di Roma. 6 maggio 1527: l'assalto dei lanzichenecchi, Milano 2002, im Stile eines modernen Zeitungsberichts effektvoll präsentiert, jedoch sehr unzuverlässig in den „Hintergrundinformationen"; ähnlich, doch im Stil konventioneller: Francesco Mazzei, Il sacco di Roma, Milano 1986; Giovanni Solari, Il sacco di Roma, Milano 1981; E.R. Chamberlin, The Sack of Rome, London 1979.

Eine neuere, Ereignisse und Perzeption gleichermaßen bündelnde Darstellung fehlt seit André Chastel, Le sac de Rome, 1527. Du premier manièrisme à la contre-réforme, Paris 1984: Pionierstudie, mit exzellenten Einzelanalysen zur Wahrnehmung des Sacco in gelehrten Texten und Kunstwerken, jedoch auf dem Stand der frühen 1960er Jahre. Die politischen und militärischen Abläufe am ausführlichsten und exaktesten immer noch bei Francesco Guicciardini, Storia d'Italia – 470 Jahre nach der Niederschrift! Eine kritische Edition fehlt bis heute, brauchbar sind verschiedene Ausgaben, z.B. Opere (hg. Emanuelle Lugnani), Bd.2 u. 3, Torino 1981. Fehlerfrei in den Fakten, doch teilweise abwegig in den Deutungen: Ludwig von Pastor, Geschichte der Päpste seit dem Ausgang des Mittelalters, Bd.4/II, S.189–344; überwiegend zuverlässig für die Kernbegebenheiten, unschärfer für das weitere Umfeld: Judith Hook, The Sack of Rome, 2.Auflage London 2004 (mit Ausnahme des Vorworts unverändert gegenüber dem ersten Erscheinen 1972).

Zu einzelnen Persönlichkeiten und Aspekten der Ereigniskette sind zu nennen: Vincent J. Pitts, The man who sacked Rome, Charles de Bourbon, Constable of France (1490–1527), New York 1993: grundlegend für die Hauptperson, die Ereignisse in Italien nicht immer präzise. Zum Verhältnis von Papst und Kaiser: Alfred Kohler, Antihabsburgische Politik in der Epoche Karls V. Die reichsständische Opposition gegen die Wahl Ferdinands I. zum römischen König und gegen die Anerkennung seines Königtums (1524–1534), Göttingen 1982; Christoph Kampmann, Arbiter und Friedensstiftung. Die Auseinandersetzung um den politischen Friedensstifter in der Frühen Neuzeit, Paderborn 2001. Mit viel Sympathie für Karl V. in Sachen Sacco die Biographien von Karl Brandi, Kaiser Karl V., 2 Bde., 2.Auflage München 1967, und Ferdinand Seibt, Karl V. Der Kaiser und die Reformation, Berlin 1990; ergiebiger zum Sacco: Alfred Kohler, Karl V. 1500–1558. Eine Biographie, München 1999. Eine genauere Untersuchung würde das Verhalten Karls in den entscheidenden Monaten des Jahres 1527 dennoch verdienen. Zum Propagandamotiv der „Freiheit Italiens" in dieser Zeit: Cornel Zwierlein, Discorso und Lex Dei, Göttingen 2006. Zu Krieg und Kriegsfolgen: Michael Römling, Ein Heer ist ein großes gefräßiges Tier. Soldaten in spanischen und kaiserlichen Diensten und die Bevölkerung der vom Krieg betroffenen Gebiete in Italien zwischen 1509 und 1530, Göttingen 2001. Eine Biographie Frundsbergs auf dem Stand der Forschung wäre ein Desiderat; stark apologetisch eingefärbt: Erich Richter, Frundsberg. Vater der Landsknechte, Feldherr des Reiches, München 1968; Reinhard Baumann, Georg von Frundsberg. Der Vater der Landsknechte und Feldhauptmann von Tirol, München 1991.

Zu Florenz und Rom unter den Medici-Päpsten: E. Cochrane, Florence in the forgotten centuries. A History of Florence and the Florentines in the age of the Grand Dukes, Chicago 1973; J. N. Stephens, The fall of the Florentine republic 1512–1530, Oxford 1983; Überblick bei Volker Reinhardt, Die Medici. Florenz im Zeitalter der Renaissance, München 1991; Charles L. Stinger, The Renaissance in Rome, Bloomington 1985; Volker Reinhardt, Rom. Kunst und Geschichte 1480–1650, Freiburg i. Br./Würzburg 1992. Zu den Einwohnern Roms unmittelbar vor dem Sacco: E. Lee (Hg.), Descriptio Urbis. The Roman census of 1527, Roma 1985.

Sammlungen zeitgenössischer Äußerungen zum Sacco di Roma liegen vor in: Carlo Milanesi (Hg.), Il Sacco di Roma del MDXXVII. Narrazioni di contemporanei, Firenze 1867 (darin: Il sacco di Roma descritto da Luigi Guicciardini, S. 1–125; Il Sacco di Roma, ragguaglio storico attribuito a Jacopo Buonaparte, S. 126–244; Dal Sacco di Roma, lettera del cardinale di Como al suo segretario, S. 469–490; Dal Sacco di Roma, lettera di un ufficiale dell'esercito del Borbone a Carlo Quinto, S. 491–530; der Letztere das wichtigste Zeugnis für die Erwartungen im kaiserlichen Heer vor den Mauern Roms, der Brief des Kardinals von Como eine nüchterne Schadensbilanz); Teile dieser Quellen ins Internet gestellt von Danilo Romei, dort auch Marcello Alberini, Il libro delli ricordi et spese (hg. Domenico Orano), Roma 1901. Hans Schulz, Der Sacco di Roma, Karls V. Truppen in Rom 1527–1528, Halle 1994 (= Hallesche Abhandlungen zur Neueren Geschichte, hg. von Gustav Droysen, Heft 32): Bericht, Analyse, Quellenpräsentation und Quellenedition in einem; wichtige Übersicht über Flugschriften, Briefe und weitere Textformen, als solche bis heute maßgebend. Antonio Rodríguez Villa (Hg.), Memorias para la historia del asalto y saqueo de Roma en 1527 por el ejército imperial, Madrid 1875: überwiegend diplomatische Korrespondenzen und Denkschriften, dazu Texte kaiserlicher Pamphletisten.

Allgemein zur Debatte über den Sacco di Roma in der europäischen Öffentlichkeit: Augustin Redondo (Hg.), Le discours sur le sac de Rome 1527. Pouvoir et littérature, Paris 1999; Rainer Brünig, Die Berichterstattung über die Schlacht von Pavia (1525), den Sacco di Roma (1527) und die Belagerung Wiens (1529) in zeitgenössischen Flugschriften, Hamburg 1987. Beide Arbeiten beleuchten nur einen sehr partiellen Ausschnitt. Vergleichende Studien zu Opfer- und Täterberichten liegen nicht vor.

Weitere Quellen und Studien zur Perzeption des Sacco

Marco Badini, Borbone occiso. Studi sulla tradizione storiografica del sacco di Roma del 1527, Pisa 1991: stichhaltige Ausführungen zu den Texten von Luigi Guicciardini und Jacopo Buonaparte sowie zum Auftreten und der Wirkung Brandanos. Césaire Grolier, Historia expugnatae et direptae urbis Romae…, Lyon 1637. Leonardo Santoro, Dei successi del Sacco di Roma e Guerra nel regno di Napoli sotto Lotrech (hg. S. Valpolicella), Napoli 1858. Ferdinand Gregorovius, Gumppenbergs Bericht vom Sacco di Roma, in: ders., Kleine Schriften zur Geschichte und Cultur, Leipzig 1887, S. 182–264: ediert und kommentiert im Stile der Geschichte Roms im Mittelalter. Adam Reißner, Historia Herrn Georgen vnnd Herrn Casparn von Frundsberg vatter vnd Sons…, 1568, 2. Auflage 1572. Nach dieser gekürzt und orthographisch modernisiert ediert von Karl Schottenloher, Leipzig o. J. (Zitate nach dieser Ausgabe). Sebastian Schertlin von Burtenbach, Leben und Taten des weiland wohledeln Ritters Sebastian Schertlin von Burtenbach, durch ihn selbst deutsch beschrieben (hg. Engelbert Hegaur), München o. J. Zur Bildpropaganda der Reformation grundlegend die Arbeiten von Robert W. Scribner, vor allem: For the sake of simple folk. Popular propaganda for the German Reformation, Cambridge 1981. Kenneth Gouwens, Remembering the Renaissance. Humanist Narratives of the Sack of Rome, Leiden u. a. 1998: profunde Studie zum Sacco der römischen Humanisten und speziell zu Jacopo Sadoleto. Egidio da Viterbo, Schechina (hg. F. Secret), Paris 1959; zu Egidio da Viterbo, über die scharfsinnigen Ausführungen bei Chastel hinaus: John W. O'Malley, Giles of Viterbo on church and reform. A study in Renaissance thought, Leiden 1968. Johannes Cochlaeus, Commentaria Ioannis Cochlaei de actis et scriptis Martini Lutheri Saxonis…, 1549, Nachdruck Farnborough 1968, zum Sacco S.166ff.; vgl. Monique Samuel-Scheyder, Johannes Cochlaeus. Humaniste et adversaire de Luther, Nancy 1993. Baldassare Castiglione, Lettera a Alfonso de Valdés (hg. Giorgio Prezzolini), Milano/Roma 1937. Alfonso de Valdés, Diálogo en que particularmente se tratan de las cosas ocurridas en Roma el año 1527 (hg. J.F. Montesinos), Madrid 1928; vgl. John E. Langhurst (Hg.), Alfonso de Valdés and the sack of Rome, Albuquerque 1952. Erasmus von Rotterdam, Briefe (hg. P.S. Allen), Oxford 1906–1958. Ders., Dialogus ciceronianus… (hg. A. Gambaro), Brescia 1965.

Zu Luther und dem Sacco: Peter Martin, Martin Luther und die Bilder zur Apokalypse. Die Ikonographie der Illustrationen zur Offenbarung des Johannes in der Lutherbibel 1522 bis 1546, Hamburg 1983; Hans-Ulrich Hofmann, Luther und die Johannes-Apokalypse, dargestellt im Zusammenhang der Auslegungsgeschichte des letzten Buches der Bibel und im Zusammenhang der theologischen Entwicklung des Reformators, Tübingen 1982; zum Brief über den Sacco vom 13.Juli 1527 an Nikolaus Hausmann vgl. Georg Ebeling, Luthers Seelsorge an seinen Briefen dargestellt, Tübingen 1977.

Francisco Delicado, Lozana, die Andalusierin, Nördlingen 1990: gut kommentiert und übersetzt. Benvenuto Cellini, Mein Leben, Zürich 2000; der Text verdient dringend eingehende neue Untersuchungen aus der Perspektive der Sozial- und Kulturgeschichte. Zu Francesco Guicciardini: Volker Reinhardt, Francesco Guicciardini (1483–1540). Die Entdeckung des Widerspruchs, Göttingen/Bern 2004: mit Hinweisen zu den „kleineren" Werken und umfassender Bibliographie. Francesco Vettori, Scritti storici e politici (hg. Enrico Nicolini), Bari 1972, darin: Sacco di Roma. Dialogo, S.273–296; die Denkschrift gegen das französische Bündnis Clemens' VII.: Se fusse meglio fare una lega o vero accordare con l'Imperatore, S.297–301. Zu Vettori: Volker Reinhardt, Francesco Vettori (1474–1539). Das Spiel der Macht, Göttingen/Bern 2007.

Personenregister

Kursiv gesetzte Seitenzahlen verweisen auf Einträge in Bildunterschriften.

Della Rovere, Francesco Maria I.
(Herzog von Urbino) 39–40,
41, 42, 46,48, 56, 72, 122,
124 f.
Doria, Andrea (Fürst von Melfi)
42
Dumas d. Ä., Alexandre 12

Erasmus von Rotterdam 35, 108,
110 f., 112, 114, 116
Este Gonzaga, Isabella d' 68, 70
Este, Alfonso d' (Herzog von Ferrara, Modena und Reggio) 28,
47

Federico da Montefeltro 40
Ferdinand I. (Herzog von Öster-
reich, König von Böhmen
und Ungarn, später deutscher
Kaiser) 46
Fernando d'Avalos 17
Fieramosca, Cesare 49 f.
Foix, Odet de 78
Francesco I. Sforza 15,
Francesco II. Sforza 28, 29, 30,
36, 37, 39
Franz I. (frz. König) 15, 18, 20,
22, 23–24, 26–27, 29, 32, *35*,
36, 37, 39, 46, 50, 72, 76, 78,
80, 82 f., 90
Frundsberg, Georg von 12, *21*,
24, 29, 46–48, 50 f., 53, 87 f.,
90 f., 93 f.
Frundsberg, Melchior von 90

Garosi, Bartolomeo 55, 78,
85
Giberti, Matteo, 24, 32, 47
Giovio, Paolo 109
Gonzaga (Familie) 69
Gonzaga, Alessandro 70
Gonzaga, Ferrante 68, 71
Gregorovius, Ferdinand 133
Grolier, Césaire 86
Guicciardini, Francesco 9, 13,
23, 24, 28, 33, 35, 39, 42, 45 f.,
48, 54–56, 60, 119, 124–126,
128 f.
Guicciardini, Luigi 56, 72, 119,
122, 124 f.
Gumppenberg, Ambrosius von
87–89, 96

Hadrian (Kaiser) 61
Hadrian VI. (Papst) 20, 22
Hartmann, Michael 46, 90
Heinrich VIII. (König von England)
36, 76, 116
Homer 85

Julius II. (Papst) 36, 40, 61, 66,
107, 113

Karl V. (Kaiser) 10–11, 17–18,
20, 22, 24, 26, *27*, 28–32,
37–39, 42 f., 46 f., 50 f., 53,
58 f., 71, 72, 76, *77*, 78, 80,
82, 84, 95, 102, 104 f., 107,
112, 114

Konstantin (Kaiser)   60, 128

Lannoy, Charles de   28–29, 32,
    51, 53 f. , 90, 94
Lautrec *siehe* Odet de Foix
Leo IV. (Papst)   61
Leo X. (Papst)   20, 24, 40, 55 f.,
    95, 102, 124, 132
Leyva, Antonio de   29, 48
Louise de Savoie   18, 29
Ludwig IX. (der Heilige)   17
Ludwig XII. (frz. König)   15
Luther, Martin   45, 74, 95, 98,
    111 f., *115*

Machiavelli, Niccolò   10, 32–33,
    82, 96, 109, 119, 126, 129
Massimo, Domenico   57,71
Massimo, Giuliano   72
Maximilian (deutscher Kaiser)   129
Medici (Familie)   28, 29, 40, 56,
    123, 124, 126, 132
Medici, Cosimo I. de' *siehe* Cosimo I.
Medici, Giovanni de' (Giovanni
    delle Bande Nere)   46 f., 92 f.,
    95, 122
Medici, Giuliano   40
Medici, Giulio de' *siehe* Clemens VII.
Medici, Guido de'   45
Merian, Matthäus   *59*
Michelangelo (Buonarroti)   118,
    133
Moncada, Hugo de   37, 42 f., 45,
    84, 90

Montefeltro (Familie)   40
Montefeltro, Guidobaldo da   40
More, Thomas   116
Morone, Giovanni (Kardinal)   29,
    30. 48

Nero (röm. Kaiser)   85
Neydthart, Wilhelm   46

Orsini (Familie)   18
Orsini, Napoleone   50
Orsini, Renzo (da Ceri)   18, 49,
    57, 62 f., 66 f.

Parmigianino   110
Paul III. (Papst)   104
Pazzi (Familie)   20
Pérez, Juan   47
Petrus (Apostel)   113, 132
Pinard, Ugo   *133*

Raffael   95
Rangone, Guido   69
Reißner, Adam   51, 93 f.
Robert Guiscard   60

Sadoleto. Jacopo   102–104
Salvati (Familie)   20
Santoro, Giovanni Leonardo   86
Savelli (Familie)   79
Savonarola, Girolamo   124
Schertlin. Sebastian   46, 90–94,
    96
Schomberg, Nikolaus von   24